JN086885

新規株式上場(IPO)の実務と理論

弁護士 **伊東 祐介** 著

IPO

商事法務

はしがき

　2022 年 4 月の新市場区分の見直し、随時更新される上場諸制度の改正等によって、上場会社にはこれまで以上に高いガバナンスの水準が求められており、投資家との建設的な対話や持続的な成長と中長期的な企業価値向上に向けた取組みを期待されるなど、上場会社を取り巻く情勢、環境は日々進展している。上場会社に対する社会からの期待は過去のそれよりもずっと大きくなってきており、上場会社の行動規範はより高い水準となっているように感じられる。株式市場における上場諸制度の変化は目まぐるしく、有価証券上場規程は法律そのものではなく証券取引所が規定するソフトローであり、実務的な部分が多いこともあるせいか、金商法や上場規程に基づき体系立てて解説された書籍が少なく、自身が上場実務にいたときにそのような書籍で上場制度に対する理解を深めたいと思うことが幾度もあった。そこで、微力ながら、自身が金商法及び有価証券上場規程に沿って実務を解説する書籍を出せば、新任の株式上場及び開示の実務担当者に少しでも役に立つ機会を作ることができるのではないかと考え、実現したのが本書である。

　上場諸制度の範囲は極めて広範であり、一つ一つの制度や実務が長い歴史と多数の関係者により積み重ねられていることから、そのすべてを説明することは到底かなわない。ただ、弁護士として東京証券取引所の上場審査実務、適時開示制度の構築・運用実務に従事した自身の経験から、上場実務に関与する実務家や、上場を目指す企業のニーズに僅かでも貢献すべく、新規株式上場について、金融商品取引法や東京証券取引所が定める有価証券上場規程の仕組みと実務の機能から確認を行い、上場会社になるにあたって証券取引所から求められる「上場会社適格性」について可能な限り制度創設の趣旨、背景に遡って説明することに努めた。併せて、上場後の責任の中でも特に重要な適時開示制度及び実効性確保措置について重点的に説明を行った。守秘義務の観点から詳細な実務の取扱いや具体的事例に言及することはできないが、およそ 400 以上の上場申請会社及び上場会

社に関与してきた自身の経験に基づき、抽象論だけではなく具体的な実務の流れや考え方を可能な限り紹介することを意識した。さらに、自身が上場実務に従事していた際、疑問に思っていた上場制度に関して、独り善がりの議論とならないよう判例や学説に最低限の言及をしつつ法的に考察することを試みた。

　本書の前半では新規株式上場の概要と実務の流れについて取り扱った。「上場はゴールではなくスタートである」という言葉は既に聞きなれたものであるが、自社で設定した上場のスケジュールを急ぐあまり、目の前の上場が目的になり、形だけを整えた結果、上場時又は上場直後に大きな問題が発生してしまうケースは現在でも一定数存在する。上場は目的ではなく、資金調達や上場という社会的信用を得ることで事業をより発展・拡大させ、持続的な成長及び企業価値向上を図るための手段であるべきである。上場申請会社においては、上場準備のための取組みが一過性の対応とならないようコーポレート・ガバナンスの拡充、企業経営の健全性及び適正性の確保を図っていくことが、上場申請会社株主はもちろん、上場申請会社の潜在株主たりうる社会全体からも期待されているといえる。

　本書の後半では、適時開示制度の概要及び実効性確保措置について取り扱ったが、適時開示義務違反をはじめとする上場規則違反に伴う実効性確保措置の対象となった上場会社は枚挙に暇がない。ソフトローとしての取引所規則であっても、制定・施行されれば法律同様遵守義務が生じ、罰則を含めた実効性確保措置が用意されている。上場会社において、当該実効性確保措置を回避することは勿論、さらなるコーポレート・ガバナンスの充実、企業経営の健全性及び適正性の確保を図るために、上場会社の経営者には法令のみならず取引所規則を含めたソフトローについても遵守することが強く求められている。経営陣は勿論、監査役等の経営陣を牽制する立場にある者には、上場会社が実効性確保措置の対象とならないよう注意を払うことに加え、仮に実効性確保措置の対象となった後についても、上場会社の内部管理体制等の改善、構築に向けた取組みを遂行することが期待されているといえる。

　なお、本書の文中の意見にわたる部分はすべて筆者の個人的見解であ

り、筆者が過去又は現在において所属する組織の見解ではないことにご留意いただきたい。

　最後に、本書の刊行にあたっては、株式会社商事法務の澁谷禎之氏、TMI総合法律事務所の佐藤竜明氏、鳥飼総合法律事務所の同僚である桑原敦氏から多くの有益な指摘を頂戴し、ご支援いただいた。心より御礼申し上げる次第である。

　2022年1月

伊東祐介

目　　次

第4章　上場会社の責務

凡　　例

略称は以下のものを使用する。

・法令等

金商法	金融商品取引法
開示府令	企業内容等の開示に関する内閣府令
財務諸表等規則	財務諸表等の用語、様式及び作成方法に関する規則
上場規程	東京証券取引所・有価証券上場規程
上場施行規則	東京証券取引所・有価証券上場規程施行規則
上場審査ガイドライン	東京証券取引所・上場審査等に関するガイドライン
上場管理等に関するガイドライン	東京証券取引所・上場管理等に関するガイドライン

・組織名称等

東証	株式会社東京証券取引所
日本取引所グループ	株式会社日本取引所グループ
自主規制法人	日本取引所自主規制法人

・書籍等

新規上場ガイドブック（市場第一部編）、（第二部・JASDAQ 編）、（マザーズ編）、（TOKYO PRO Market 編）　東京証券取引所編『新規上場ガイドブック（市場第一部編）』、『新規上場ガイドブック（第二部・JASDAQ 編）』、『新規上場ガイドブック（マザーズ編）』、『新規上場ガイドブック（TOKYO PRO Market 編）』（東京証券取引所、2020 ～ 2021）

適時開示ガイドブック　東京証券取引所上場部編『会社情報適時開示ガイドブック 2020 年 11 月版』（東京証券取引所、2020）

伊藤ほか　伊藤靖史＝大杉謙一＝田中亘＝松井秀征『会社法〔第 5 版〕』（有斐閣、2021）

田中　田中亘『会社法〔第 3 版〕』（東京大学出版会、2021）

松尾　松尾直彦『金融商品取引法〔第 6 版〕』（商事法務、2021）

アドバンス金商法　長島・大野・常松法律事務所編『アドバンス金融商品取

引法〔第 3 版〕』（商事法務、2019）

なお、参考文献として以下のものを挙げる。

・青克美「東証の新市場区分の概要等の解説」旬刊商事法務 2228 号 33 頁
　（2020）。
・伊東祐介「適時開示制度の概要について（前編）」月刊監査役 673 号 54 頁
　（2017）。
・伊東祐介「適時開示制度の概要について（後編）」月刊監査役 675 号 21 頁
　（2017）。
・伊東祐介「IPO（新規株式上場）審査の概要と留意点」月刊監査役 709 号
　14 頁（2020）。
・伊東祐介「近時の IPO（新規株式上場）審査と監査役に求められる留意点」
　月刊監査役 722 号 16 頁（2021）。
・稲葉馨＝人見剛＝村上裕章＝前田雅子『行政法〔第 4 版〕』（有斐閣、
　2018）。
・梅本剛正「金融商品取引所による上場廃止処分の違法性」旬刊商事法務
　2113 号 83 頁（2016）。
・黒沼悦郎「ライブドア株主損害賠償請求訴訟東京地裁判決の検討（上）」旬
　刊商事法務 1871 号 4 頁（2009）。
・黒沼悦郎「ライブドア株主損害賠償請求訴訟東京地裁判決の検討（下）」旬
　刊商事法務 1872 号 17 頁（2009）。
・志谷匡史「元引受証券会社の引受審査責任」旬刊商事法務 2258 号 4 頁
　（2021）。
・鈴木克昌＝五島隆文＝森田理早「日本版フェア・ディスクロージャー・
　ルールの導入と資本市場への影響」旬刊商事法務 2145 号 29 頁（2017）。
・高橋宏志『民事訴訟法概論』（有斐閣、2016）。
・田原泰雅＝大谷潤＝渡部孝彦＝森田理早＝岡村健史「フェア・ディスク
　ロージャー・ルール」旬刊商事法務 2140 号 20 頁（2017）。
・日本監査役協会「有識者懇談会の答申に対する最終報告書」（2010）。
・林謙太郎「近年の有価証券上場規程の改正」（日本取引所グループ金融商
　品取引法研究会 2018 年 12 月 21 日報告記録、資料）。
・林謙太郎「「市場区分の見直しに向けた上場制度の整備」（第二次制度改
　正事項）の解説」旬刊商事法務 2252 号 4 頁（2021）。
・松尾健一「虚偽記載に関する監査役の責任——ライブドア事件を参考にし
　て」月刊監査役 571 号 69 頁（2010）。
・三木浩一＝笠井正俊＝垣内秀介＝菱田雄郷『民事訴訟法〔第 3 版〕』（有斐
　閣、2018）。

第 1 章

新規株式上場（IPO）について

◆1 新規株式上場（IPO）

⑴ 新規株式上場（IPO）の定義

　IPO とは「Initial Public Offering」の略称であり、一般的には発行体が自身の有価証券等を不特定多数の投資者に向けて初めて販売することを指して、新規株式上場と基本的に同一の意味で用いられている。Initial（最初の）Public Offering（公募・売出し）である。株式会社の Public Offering は、会社法や金融商品取引法において単体で用いられている概念ではなく、株式会社が新たに株式を発行する「公募[1]」と既存株主が保有株式を売却する「売出し[2]」の2つの意味を併せて用いられている用語である。

　この点、「上場」という文言は金商法において多数の条文で用いられている。金商法の観点からは、「上場」は「金融商品取引所がその開設する取引所金融商品市場において、有価証券をその売買のため、又は「金融商品等」を市場デリバティブ取引のため、行うものである。上場を行う主体は金融商品取引所である。取引所金融商品市場における取引の対象となる上場されている商品（いわゆる上場商品）は、金融商品等である」とされ

1）「公募増資」は日本取引所グループの用語集上は「会社の資金調達手段の1つで、特定の投資者に限らず広く一般に株主を募集し、時価を基準にした価格で新株式を発行する方法」と説明されており、会社法上は第199条以下の「募集株式の発行等」の概念に含まれるものである。募集には、一般に株主割当て、第三者割当、及び公募の方法があるが、第三者割当と公募の分類は会社法上にはないものである。公募増資は不特定多数の者に募集株式を取得させ、第三者割当は特定の第三者に株式を取得させる意味で用いられている。ただし、上場会社の公募の場合、原則として一度証券会社がすべて引き受ける実務となっていることから（会社法第205条の総数引受契約）、厳密には当該公募も第三者割当の一種であると考える見解もある。日本取引所グループ（https://www.jpx.co.jp/glossary/ka/150.html）、田中490頁参照、伊藤ほか321頁参照。

2）「売出し」は、日本取引所グループの用語集上は「多数の者に対し、大株主などが持つ既に発行された有価証券の売付けの申込み又はその買付けの申込みについての勧誘をすることをいい、比較的多くの株式を売却する場合に利用される」と説明されている。「売出し」は、金商法上の概念であり金商法第2条第4項の「有価証券の売出し」として詳細に定義されている（日本取引所グループ　https://www.jpx.co.jp/glossary/a/41.html）。

ている[3]。より簡潔に言えば、上場とは、証券取引所が特定の有価証券等を当該取引所における取引対象として定めることである[4]。

「上場」は、上場を希望する発行体からすれば、金融商品市場において自身の有価証券等の取引が開始されることによって資金調達することが可能となることを意味し、投資者からすれば、発行体が発行する有価証券等を金融商品取引所において取引することが可能となることを意味し、創業者である経営株主からすれば、創業者利益を取りつつ事業をより拡大させる契機となる1つの到達点を意味することとなり、当然ながらどの立場から上場について考えるかによってその見え方は変わってくるものといえる。

実務的には、上場を希望する株式会社[5]（以下、「申請会社」という。）の上場申請に基づき、上場会社適格性[6]に関して証券取引所[7]による上場審査が行われる。証券取引所の上場審査の結果、申請会社の上場会社適格性が確認された場合、証券取引所が申請会社の上場を承認・公表し、その後、公募・売出しの手続きを経て申請会社の株式が当該証券取引所市場において売買可能となり、この時点で初めて「上場」したと認められることとなる。

なお、現在わが国の証券取引所には、東京証券取引所以外に札幌証券取引所、名古屋証券取引所、福岡証券取引所が存在するが、本書では東証の株式市場制度を念頭に置くものとする[8]。

---

3) 松尾519頁。
4) 野尻孝夫「取引所市場の規制」龍田節＝神崎克郎編『証券取引法大系』（商事法務、1986）426頁。
5) 厳密には、発行体には外国株式会社、株式会社以外のETF（上場投資信託）及び投資法人等が存在するが、本書では内国株式会社を想定するものとする。
6) 本書における上場会社適格性とは、東証が規定する上場審査基準を充足し、上場会社としての適格性を有することが認められることをいうものとする。
7) 東京証券取引所の場合、厳密には東京証券取引所から委託を受けた日本取引所自主規制法人が上場審査を行うが、本書では特に区別せず論じることとし、詳細は第3章で解説する。
8) 本書における証券取引所に関する記述は原則として東証と表記することとするが、証券取引所一般を意味する場合は証券取引所と表記するものとする。

(2)　上場の機能・効果

　上場は主に資金調達を行うための手段であるが、資金調達以外にも様々な機能、効果がある。以下は一例であるが、上場の機能、効果として一般的に認められているものである。

　ア　多様な資金調達方法の確保

　株式会社は、上場することで自社の株式を証券取引所の取引対象とすることができ、投資者から資金調達を行うことができるようになる。上場会社は、上場する市場において、普通株式の公募増資及び第三者割当増資、新株予約権及び新株予約権付社債等のワラントの発行等、多様な方法で直接資金を調達することができる。

　イ　社会的信用力と知名度の向上

　上場会社になることで、継続的な事業活動の実績及び安定的な収益基盤の存在、又は事業の高い成長可能性等が社会的に認知されることで、取引先及び金融機関等からの信用が高まり、事業拡大の機会が増加することが考えられる。

　また、上場会社として知名度が向上することで、新卒採用及び中途採用において能力値や経験値の高い者からの応募につながり、優秀な人材の確保が期待できる。申請会社の既存の従業員の業績向上に向けた勤労意欲等が向上することもいわれている。

　ウ　組織としての成長

　証券取引所の上場承認に向けて、申請会社には、主幹事証券会社、監査法人、弁護士その他外部専門家のチェックが入ることとなる。上場準備においては、申請会社の上場後に問題が発生することを可能な限り未然に防止するために、これらの上場準備の専門家がそれぞれの立場の専門性を発揮して申請会社の問題点を可能な限り抽出し、その解決に尽力する。詳細は第3章で解説するが、申請会社の沿革、株主・役員構成、経営管理体制、事業、法務、会計、税務、労務等、様々な観点から申請会社の過去、現在、将来計画が精査されることとなる。これらの手続きを経ることで、申請会社の問題、課題が改善され、個人的な経営から持続可能で組織的な経営管理体制が構築されることになり、上場会社としてより健全で公正な

企業活動を行うようになることが期待できる[9]。

　エ　新規株式上場に伴う利益の獲得

　創業者をはじめとする申請会社の株主は、新規上場時の所有株式の売出しや上場後の継続保有期間経過後（詳細は第3章参照）の株式譲渡等による新規株式上場に伴う利益を獲得することが期待できる。

　オ　上場会社としての責任

　上場会社の株式は、不特定多数の投資者の取引対象となることから、当該上場会社の株式の取引を行う投資者に向けた情報開示責任、開示前の情報管理責任（いわゆるインサイダー取引の防止）等が要求され、新たな社会的責任や義務が生じることになる（情報開示について、詳細は第4章参照）。また、上場後は様々な思惑を持った者が株主として参画することから、敵対的買収のリスクや短期的な成果を求める株主の資本参加も想定される。上場会社の経営陣としては、中長期的な視点のみならず、足下の業績や株価にも目を配り、株主に対する説明責任が求められることとなる。上場後は株主数が大幅に増加することから、株主総会の開催に関するコスト（人的稼働、費用）が発生し、上場維持費用として証券取引所に支払う手数料や監査法人に対する監査報酬なども発生することが想定される。

---

9) 事前に問題点の有無を緻密に調査するという意味において、上場審査はM&A取引における1つの重要プロセスであるDue Diligenceと共通する機能、効果を持っているといえる。もっとも、上場審査の範囲はビジネス、法務、財務、税務、人事労務等、多岐にわたり、各種資料の徴求権限も通常のM&Aのそれよりも強く、更には複層的に複数の当事者が一定の期間をかけて慎重に、かつ連携して審査を行う実務となっている。これらの事実から、上場審査結果は、一般的なM&A取引のDue Diligence以上に信頼性の高い内容になっているものと思われる。
　この点、Due Diligenceという用語は「米国の証券法に関連する訴訟における防御方法として使われていたもので、証券発行に際して適切な注意（Due Diligence）を果たして調査のうえ発行登録書を作成し、開示を行った場合には、発行登録書における開示内容に誤りがあっても責任を負わないとされていたが、これが転じて証券発行、企業買収その他の取引に影響を与えうる問題点の有無を検討する手続き一般を称してDue Diligenceと言われるようになったと思われる」（長島・大野・常松法律事務所編『法務デューデリジェンスの実務〔第3版〕』（中央経済社、2014）6頁）とされている。Due Diligenceの由来が証券発行における適切な注意を果たした調査にあるのであれば、新規株式上場時の証券発行における調査と同様であり、上場審査とDue Diligenceの目的、機能が共通するのは当然ということになる。

◆2 各市場の特徴

⑴ 現在の東証株式市場（本則市場、マザーズ、JASDAQ）

　現在、東証では、市場第一部、市場第二部（以下、市場第一部及び市場第二部を併せて「本則市場」という。）、マザーズ、JASDAQ 及び TOKYO PRO Market の5つの市場が提供されている。東証における定義では、「新規上場」とは東証に初めて上場をすることをいい、他の取引所に上場していない会社が上場することを「IPO（新規株式公開）」「直接上場」といい、他の取引所に既に上場している会社が東証に上場することを「経由上場」というとされており [10]、経由上場の場合も新規上場と同じ東証の上場審査を受けることとなる。

　なお、⑷において後述するとおり、東証では、市場第一部・市場第二部・マザーズ・JASDAQ の5つの市場区分に関して、2022年4月に、プライム市場・スタンダード市場・グロース市場の3つの新しい市場区分に見直しを行うことが予定されている。

　ア　市場第一部・市場第二部

　市場第一部及び市場第二部は、国内外を代表する大企業・中堅企業が上場する日本の中心的な株式市場とされる。特に、市場第一部は株式売買の多くを海外投資家 [11] が占める国際的な市場として、市場の規模や流動性においても極めて高い水準を誇っており、日本を代表する大企業が所属する市場である。これに対して、市場第二部は中堅・中小企業向けの市場と位置付けられている。

10）日本取引所グループ「新規上場基本情報」（https://www.jpx.co.jp/equities/listing-on-tse/new/basic/index.html）。

11）本書では、株式取引等の投資を行う主体として「投資者」と「投資家」という用語を用いているが、正式な名称で用いられている場合を除いて「投資者」と表記することとしている。

イ　マザーズ

マザーズは、高い成長の可能性を有する新興企業向けの市場と位置付けられており、申請会社には「高い成長可能性」が求められている。申請会社が高い成長可能性を有しているか否かについては、主幹事証券会社がビジネスモデルや事業環境などを基に評価・判断することになる。本則市場では、一定の利益を計上するなど収益基盤を既に確立している企業が上場の対象となっていることに対して、マザーズでは、多くの成長企業に資金調達の場を提供するという観点から、規模や業種などによる制限は設けられていない。

マザーズは、1999年11月11日に東証において新興企業向けの新市場として創設され、その名称は、投資者をはじめとする市場の利用者に新興企業を育成してもらうという期待を込めてネーミングされたとされている[12]。

マザーズ設立時の基本コンセプトは以下のとおりである。

- 企業の大小を問わず次世代を担う高い成長可能性を有している会社を対象とする
- 利益の額など企業の過去の実績を問う財務数値基準や設立後経過年数の基準は設けず、実現可能な事業計画を有し今後の成長が見込まれる企業の早期上場を可能とする
- 上場審査は、投資判断資料における企業内容やリスク情報の記載の状況等の開示に係る審査を重点項目とし、審査期間の短縮を図る
- 上場時の公募株式数については既存市場と同一として流動性確保に配慮する
- 市場の透明性を確保するため、既存市場と同様の情報開示を求めるほか、会社説明会の開催など、より一層の情報提供を求める
- 投資情報の充実が図られる中で、自らの責任のもと、投資者は企業の成長過程の早い段階から投資を行うことが可能となる

12）白橋弘安「新興企業向け新市場「マザーズ」の創設」旬刊商事法務1545号（1999）16頁。

ウ　JASDAQ

　JASDAQ は、信頼性、革新性、地域・国際性という 3 つのコンセプト
を掲げ、多様な業態・成長段階の企業向けの市場と位置付けられている。
一定の事業規模と実績を有する成長企業を対象とした「スタンダード」、
特色ある技術やビジネスモデルを有し、より将来の成長可能性に富んだ企
業群を対象とした「グロース」という 2 つの異なる内訳区分が設けられて
いる[13]。

　2021 年末現在の各市場区分の上場会社数は以下のとおりである。

〔図表 1 - 1〕　上場会社数（2021 年 12 月末時点）

第一部	第二部	マザーズ	JASDAQ スタンダード	JASDAQ グロース	Tokyo Pro Market	合計
2183 社	473 社	424 社	658 社	37 社	47 社	3822 社

13）　JASDAQ の起源は 1949 年に日本証券業協会が店頭売買承認銘柄制度を創設したところに遡
　　る。1963 年の店頭登録制度の創立などを経て、1976 年に日本店頭証券株式会社が設立さ
　　れ、同社は、1998 年に株式会社ジャスダック・サービス、2001 年に株式会社ジャスダッ
　　ク、2004 年に株式会社ジャスダック証券取引所に商号変更し、2007 年に新興企業向け市場
　　である「JASDAQ　NEO」を開設し、2010 年まで「JASDAQ」「JASDAQ NEO」の市場を
　　運営する証券取引所として運営していた。その後、2010 年に株式会社大阪証券取引所と経
　　営統合し、JASDAQ、ヘラクレス、NEO が市場統合し、新たな JASDAQ となった。その
　　後、2013 年に東証と大阪証券取引所が経営統合し、現在の市場構造となっている。それぞ
　　れの証券取引所がそれぞれの理念に基づいて市場を設立してきており、それらが証券取引
　　所の経営統合によって各市場が統合されてきたのが現在の市場構造であることから、コン
　　セプトの重複や区別が不明確となり、木に竹を接いだような構造になっているのは経緯と
　　してやむを得ないものと思われる。
　　出典：日本取引所グループ「沿革」（https://www.jpx.co.jp/corporate/about-jpx/history/02-04.
　　html）。

〔図表1-2〕

各市場に IPO した企業の規模の目安は以下のとおり

上段：最大値 中段：中央値 下段：最小値	売上高	経常利益	純資産の額	初値時価総額	IPO時の ファイナンス規模 （注1,2）
東証一部	3兆5,470億円 618億円 85億円	6,013億円 48億円 8億円	7,223億円 207億円 26億円	7兆36億円 613億円 254億円	2兆6,461億円 249億円 28億円
東証二部	1,087億円 155億円 58億円	28億円 12億円 3億円	173億円 49億円 15億円	284億円 116億円 33億円	159億円 18億円 8億円
マザーズ	622億円 22億円 2億円	61億円 2億円 ▲31億円	310億円 5億円 ▲1億円	6,767億円 120億円 25億円	1,307億円 13億円 1億円
JASDAQ スタンダード	136億円 47億円 10億円	10億円 3億円 1億円	39億円 9億円 2億円	469億円 58億円 16億円	35億円 8億円 4億円
TOKYO PRO Market	212億円 16億円 1億円	9億円 1億円 ▲0億円	63億円 2億円 0億円	64億円 7億円 1億円	9億円 — 3億円

注1：IPO時のファイナンス規模＝公募＋売出し（OA含む）
注2：集計対象期間中の TOKYO PRO Market のファイナンス事例は2例のため中央値は記載し
　　ていない
注3：1億円未満四捨五入
注4：IFRS（国際会計基準）採用企業については、「売上高」＝「売上収益」、「経常利益」＝「税引前
　　利益」、「純資産の額」＝「資本合計」を記載

　2017年から2019年の各市場に新規株式上場（IPO）した企業規模の目
安は図表1-2[14]のとおりである。本則市場はそのコンセプトのとおり、
一定の収益基盤の存在が見受けられるが、マザーズに関しては経常利益及
び純資産がマイナスという企業も存在し、多種多様な企業が上場を実現す
ることができているといえる。

14）日本取引所グループHPから引用「新規上場基本情報」（https://www.jpx.co.jp/equities/
　　listing-on-tse/new/basic/index.html）。

(2) TOKYO PRO Market

ア　概要、設立経緯

TOKYO PRO Market（以下、「TPM」という。）は、2008年の金融商品取引法改正により導入された「プロ向け市場制度」に基づいて設立された市場である。TPM は、投資者をプロ投資家に限定することで、上場審査基準の数値基準や開示義務を一般の東証株式市場よりも緩やかに設定し、上場準備負担を軽減し、多様な業種・規模・地域性の企業を集めようとしている。

TPM の母体となる TOKYO AIM は、東証とロンドン証券取引所の共同出資により設立された株式会社 TOKYO AIM 取引所[15] が運営するマーケットとして、前述の「プロ向け市場制度」に基づき 2009 年に開設された。当該マーケットは、「日本やアジアにおける成長力のある企業に新たな資金調達の場と他市場にはないメリットを提供すること、国内外のプロ投資家に新たな投資機会を提供すること、日本の金融市場の活性化ならびに国際化を図ること」を目的とし、ロンドン証券取引所の運営するロンドン AIM における Nomad 制度を参考として「J-Adviser 制度」を採用するなど、機動性・柔軟性に富む市場運営の実現を目的として制度設計されている。TOKYO AIM は 2012 年に TPM に名称を変更しているが、TOKYO AIM のコンセプトはそのまま継承されている。TPM の市場運営は東証によって行われている。

イ　主な特徴

(1)の東証株式市場への上場は、株主数や利益等に関する一定の形式要件を充足する必要があるほか、膨大な提出書類の作成・提出など、上場準備のための時間・費用・稼働の負担は小さくない。これに対して TPM は投資者をプロ投資家に限定することで、株主数・流通株式・利益の額などの形式要件をなくし、一部の開示制度を任意とすることで自由度の高い上場制度に設計されている。TPM への上場は、オーナーシップを維持したうえで上場企業としての信用度、知名度を得ることが可能であり、事業承継や東証株式市場のための一歩として活用することも想定されている。

15）株式会社 TOKYO AIM 取引所は 2012 年 7 月に東証に吸収合併されており、現在は存在しない。

〔図表 1 - 3〕　TPM と他市場の制度比較[16]

項目	TOKYO PRO Market	（参考）東証他市場
開示言語	英語又は日本語	日本語
上場基準	形式要件：なし 実質基準：あり	形式要件：あり（株主数、流通株式等） 実質基準：あり
審査主体	J-Adviser	主幹事証券会社、東証
上場申請から上場承認までの期間	10営業日 （上場申請前に J-Adviser による意向表明手続きあり）	2、3か月程度 （標準審査期間）
上場前の監査期間	最近1年間	最近2年間
内部統制報告書	任意	必須
四半期開示	任意	必須
主な投資家	特定投資家等 （いわゆる「プロ投資家」）	一般投資家

　また、TPM では、東証から認定を受けた J-Adviser が、上場前の上場適格性の調査確認や上場後の適時開示の助言・指導、上場維持要件の適合状況の調査を実施することとなっている。TPM への上場審査では、上場審査の主体が東証ではなく J-Adviser となる点に大きな特徴がある[17]。2021年末現在の J-Adviser は以下のとおりである。

---

16)　出典：日本取引所グループ「TOKYO PRO Market の主な特徴」（https://www.jpx.co.jp/equities/products/tpm/outline/index.html）。

17)　東証は一定の資格要件を満たし、資格を認証した J-Adviser に対して特定業務（上場又は上場廃止に関する基準又は上場適格性要件に適合するかどうかの調査など）を委託している。
　　　「J-Adviser 制度は TPM のコンセプトの核となる制度であり、J-Adviser は、東証のパートナーとして TPM のマーケット機能の維持向上に努めることが期待されている。また、担当 J-Adviser は J-Adviser 契約を締結する申請会社及び TPM 上場会社に対して、新規上場申請から上場後まで継続的に J-Adviser 契約に基づく適切な助言・指導を行う義務を負うことから、東証は J-Adviser 資格を取得しようとする法人に対して、資本市場における知見及び実績、業務体制を中心とする厳格な要件を求めている」としている（新規上場ガイドブック（TOKYO PRO Market 編）25 頁）。

- 株式会社アイ・アールジャパン
- アイザワ証券株式会社
- エイチ・エス証券株式会社
- SMBC 日興証券株式会社
- G-FAS 株式会社
- 株式会社ジャパンインベストメントアドバイザー
- 大和証券株式会社
- 宝印刷株式会社
- 株式会社日本 M&A センター
- 野村證券株式会社
- フィリップ証券株式会社
- みずほ証券株式会社
- 三菱 UFJ モルガン・スタンレー証券株式会社

(3) 上場後の市場変更等

　上場会社は、上場後に会社のステージに応じて、以下のように上場市場を変更することができる。

　「一部指定」とは、市場第二部から市場第一部に変更になることを意味し、「市場変更」とは、本則市場、マザーズ及び JASDAQ のいずれかに所属する上場会社が他の市場に変更することを意味し、「指定替え」とは、市場第一部から市場第二部に変更になることを意味する。これらは上場規程において規定されている用語である。「一部指定」及び「市場変更」は原則として、上場会社が自ら申請し、改めて東証の上場審査を受ける必要がある。上場審査は原則として変更先の市場の新規上場審査に準じて行われることとなる。

(4) 新市場区分（プライム、スタンダード、グロース）

　東証は、現在の「市場第一部」・「市場第二部」・「マザーズ」・「JASDAQ（スタンダード及びグロース）」の 4 つの市場区分に関して、2022 年 4 月 4 日付で、「プライム市場」・「スタンダード市場」・「グロース市場」の 3 つ

〔図表1-4〕[18]

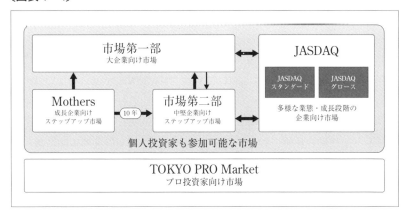

の市場区分への見直しを実施する[19]。

　各新市場区分のコンセプトに応じて上場基準が規定されることとなるが、2020年11月に実施された第一次改正においては、現在の市場区分の

---

18) 日本取引所HPから引用「新規上場基本情報」(https://www.jpx.co.jp/equities/listing-on-tse/new/basic/index.html)。

19) 背景には、①東京証券取引所には5つの市場区分（市場第一部、市場第二部、マザーズ、JASDAQスタンダード及びJASDAQグロース）が設けられているが、各市場区分のコンセプトは曖昧であり、多くの投資者にとって利便性が低い。特に、市場第二部、マザーズ及びJASDAQは、位置付けが重複していてわかりにくくなっている、②市場第一部へのステップアップ基準が低いことのほか、上場時の基準に比べて市場第一部から市場第二部への移行や上場廃止に係る基準が低いことなどから、上場会社の持続的な企業価値向上の動機付けの点で期待される役割を十分に果たせていない、③多くの機関投資家がベンチマークとしているTOPIXは、市場第一部の全ての銘柄で構成されているため、投資対象としての機能性に欠けており、足元、TOPIXに連動したインデックス投資の隆盛により、時価総額や流動性の低い銘柄の価格形成に歪みが生じている懸念もある。一方で、JPX日経400やTOPIX500などの指数をベンチマークとする機関投資家は少ないことから、投資対象としての機能性と市場代表性を兼ね備えた指数が存在していない、という意見が以前から市場関係者から寄せられていた。これらの東証における検討を引き継ぐ形で、2019年5月に金融庁において金融審議会市場ワーキング・グループに「市場構造専門グループ」が設置され、市場関係者による議論がなされた結果、同年12月27日に「市場構造専門グループ報告書」が取りまとめられ、当該報告書に基づき市場構造の見直しが実施されることとなった。金融審議会市場ワーキング・グループ「市場構造専門グループ報告書－令和時代における企業と投資家のための新たな市場に向けて－」(https://www.fsa.go.jp/singi/singi_kinyu/market-str/report/20191227.html)。

新規上場時の形式要件及び実質基準に関して、新市場区分を想定した内容への見直しが既に実施されている。原則として、現在の「市場第一部」の基準が「プライム市場」に、「市場第二部」・「JASDAQ スタンダード」の基準が「スタンダード市場」に、「マザーズ」の基準が「グロース市場」にそれぞれ採用されることとされている。当該市場区分の見直しでは、各市場区分の上場審査基準と上場維持基準が共通化され、流通株式数や流通株式時価総額などの基準の計算に用いられる流通株式の定義の見直しが行われる。流通株式比率に関しては第2章2(2)②で、上場維持基準に関しては第2章3でそれぞれ確認する。

　また、各市場区分は、それぞれ独立しているものとし、現在の一部指定基準・指定替え基準・市場変更基準のような「市場区分間の移行」に関する緩和された基準は設けないこととされている。新市場区分移行後は、上場会社が異なる市場区分への移行を希望する場合、上場会社は移行先の市場区分に上場申請し、新規上場と同様の上場審査基準による審査を受けることとなる。

　既存の上場会社は、新市場区分のコンセプトや上場基準等を踏まえて、自社に適した新市場区分を2021年12月30日までに選択し、移行先の2022年4月4日に新市場区分に一斉に移行されることとなっている。上場会社が移行基準日（2021年6月30日）における移行先の上場維持基準に適合していない場合には、「上場維持基準の適合に向けた計画書」[20] を選択申請日までに開示することで、経過措置として、現行制度と同水準の上場維持基準の適用を受けることができるものとされており、既に554社が当該計画書を開示している状況である。2022年1月11日に東証から公表された情報によると、プライム市場には1841社、スタンダード市場には1477

20）「上場維持基準の適合に向けた計画書」は、新市場区分への移行後に上場維持基準に適合するための基本方針や具体的な取組内容等を内容とするものであり、それらの決定は取締役会で十分に議論を尽くした上で決定を行うことが望ましいとされている。上場会社における経営方針、経営戦略、中期経営計画と整合されていることが必要と東証から示されていたことから、当該計画書を出した上場会社は慎重に検討を重ね、作成・公表をしたものと思われる。

社、グロース市場には459社が移行することとされている（外国株含む）。

　各市場のコンセプトは以下のとおりである。

① 　プライム市場

　プライム市場は、多くの機関投資家の投資対象となりうる規模の時価総額（流動性）を持ち、より高いガバナンス水準を備え、投資家との建設的な対話を中心に据えて持続的な成長と中長期的な企業価値の向上にコミットする企業向けの市場である。グローバルな投資家との建設的な対話を中心に据えた企業向けの市場と位置付けられている。

② 　スタンダード市場

　スタンダード市場は、公開された市場における投資対象として一定の時価総額（流動性）を持ち、上場企業としての基本的なガバナンス水準を備えつつ、持続的な成長と中長期的な企業価値の向上にコミットする企業向けの市場である。公開された市場における投資対象として十分な流動性とガバナンス水準を備えた企業向けの市場と位置付けられている。

③ 　グロース市場

　グロース市場は、高い成長可能性を実現するための事業計画及びその進捗の適時・適切な開示が行われ一定の市場評価が得られる一方、事業実績の観点から相対的にリスクが高い企業向けの市場である。高い成長可能性を有する企業向けの市場と位置付けられている。なお、JASDAQ グロースについては、現在、新規上場等が停止されている。

〔図表1-5〕[21]

現在の市場区分

市場第一部
企業規模、流通性が高い市場

市場第二部
(実績ある企業向けの市場)

マザーズ
(新興企業向けの市場)

多様な企業向けの市場

JASDAQ スタンダード
(実績ある企業向けの市場)

JASDAQ グロース
(新興企業向けの市場)

新市場区分

プライム市場
グローバルな投資家との
建設的対話を中心に据えた
企業向けの市場

スタンダード市場
公開された市場における
投資対象として十分な
流動性とガバナンス水準を
備えた企業向けの市場

グロース市場
高い成長可能性を有する
企業向けの市場

---

21) 東京証券取引所「市場区分の見直しに向けた上場制度の整備について－第二次制度改正事
項に関するご説明資料－」5頁より引用。

◆3 近時の新規株式上場（IPO）を取り巻く情勢について

(1) 直近の新規株式上場承認状況

2020年は102社（前年比＋8社）が国内証券市場において上場を果たしており、市場変更等は52社という状況であった。上場市場の内訳は、本則市場（市場第一部・第二部）が15社、マザーズ市場63社、JASDAQ市場14社、TOKYO PRO Market10社という状況であった（図表1-6）。2020年はコロナ禍において、業績等の数値計画の大幅な修正を余儀なくされた会社も多かったと推測されるが、新規株式上場に限っては100社超えという2007年以来の高水準であった。

2021年は、138社（前年比＋36社）が国内証券市場に新規株式上場を果たしており、2020年に引き続き新規株式上場市場は活況であった。背景には世界的な金融緩和に基づく株価の高騰及び国内の市場構造の見直し前の駆け込み上場があったものとみられる。

(2) 新型コロナウイルス感染症の影響を踏まえた上場審査について

2020年の新型コロナウイルス感染症における状況を踏まえ、日本取引所グループでは、株式市場における価格形成の円滑性・公正性を確保するため、上場会社に対して、引き続き、投資者の投資判断に影響を与える情報の適時・適切な開示を要請するとともに、企業活動への影響度合いを踏まえ、上場会社及び上場候補会社に対する現行の上場制度の適用につき、実態に応じた柔軟な取扱いを講じてきた。具体的には、日本取引所グループは、2020年3月18日に新型コロナウイルス感染症の影響を踏まえた対応方針を公表し[22] [23]、同月31日に新型コロナウイルス感染症の影響を踏

---

22)「新型コロナウイルス感染症の影響を踏まえた対応方針について」（https://www.jpx.co.jp/news/1020/20200318-01.html）。

23) 日本取引所グループ全体としての取組みとしては「新型コロナウイルス感染症に関するJPXの取り組み」を参照されたい（https://www.jpx.co.jp/announce/20210107_index.html）。

〔図表1-6〕　2021年までの国内新規株式上場件数の推移

■　2020年は、102社（前年比＋8社）が国内証券市場において新規上場
■　100社超えは、2007年以来の高水準

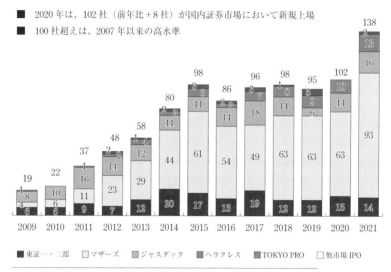

注：TOKYO PRO Marketへの新規上場を含み、TOKYO PRO Marketを経由した上場を除く
2021年の数字は暫定

　まえた上場制度上の対応に係る有価証券上場規程等の一部改正手続を行っている[24]。
　とりわけ、上場審査の分野においては、以下のとおり、新型コロナウイルス感染症の影響を踏まえた措置が講じられた。

・　「企業の継続性及び収益性等」：新型コロナウイルス感染症の影響が事業計画に適切に反映されているかどうかを審査（一時的な業績悪化は勘案して審査）
・　「企業内容等の開示の適正性」：新型コロナウイルス感染症の影響が適切に開示書類（リスク情報・業績予想等）に反映されているかどう

---

[24]「新型コロナウイルス感染症の影響を踏まえた上場制度上の対応に係る有価証券上場規程等の一部改正について」（https://www.jpx.co.jp/rules-participants/public-comment/detail/d1/nlsgeu000004n3e1-att/nlsgeu000004n3gg.pdf）。

かを審査
- ・ 「再審査時の審査料」：新型コロナウイルス感染症の影響により新規上場に至らなかった場合であって、3年以内に再び新規上場申請を行うときは、上場審査料を無料とする（上場施行規則第703条の4参照）
- ・ 「限定付適正意見」：上場申請会社において、新型コロナウイルス感染症の影響により直前事業年度における監査報告書に「限定付適正意見」が記載されている場合も基準を充足するものとする（上場施行規則第728条参照）

（2020年新型コロナウイルス感染症の影響を踏まえた上場審査料等の特例）
〇有価証券上場規程施行規則
第703条の4
　第702条第2項第2号及び第703条第2項の規定にかかわらず、上場審査料又は予備審査料については、新規上場申請者が当該新規上場申請より前に新規上場申請又は予備申請を行ったことがあり、かつ、直近の新規上場申請日（予備申請を行った場合にあっては、新規上場予備申請書に記載した新規上場申請を行おうとする日）の属する事業年度の初日から起算して3年以内に新規上場申請又は予備申請を行う場合であって、当該新規上場申請又は予備申請より前の新規上場申請又は予備申請により新規上場に至らなかった理由が2020年新型コロナウイルス感染症の影響に起因するものであると当取引所が認めたときは、その支払いを要しないものとする。

（2020年新型コロナウイルス感染症の影響を踏まえた形式要件の特例の取扱い）
〇有価証券上場規程施行規則
第728条
　規程第722条第1項（規程第723条において準用する場合を含む。）の規定の適用を受ける本則市場への新規上場申請者（規程第723条において準用する場合にあっては、本則市場への上場市場変更申請者）についての第212条第7項（第313条の2第3項において準用する場合を含む。以下この項において同じ。）の規定の適用については、第212条第7項第2号中「記載されて

いない場合」とあるのは「記載されていない場合、監査報告書又は四半期レビュー報告書において、2020年新型コロナウイルス感染症の影響に起因して公認会計士等の「除外事項を付した限定付適正意見」又は「除外事項を付した限定付結論」が記載されている場合」とする。

2　規程第722条第1項（規程第723条において準用する場合を含む。）の規定の適用を受けるマザーズ又はJASDAQへの新規上場申請者（規程第723条において準用する場合にあっては、マザーズへの上場市場変更申請者若しくはJASDAQへの上場市場変更申請者又は内訳区分変更申請者）についての第227条第6項の規定の適用については、同項第2号中「記載されていない場合」とあるのは「記載されていない場合、監査報告書、中間監査報告書又は四半期レビュー報告書において、2020年新型コロナウイルス感染症の影響に起因して公認会計士等の「除外事項を付した限定付適正意見」又は「除外事項を付した限定付結論」が記載されている場合」とする。

3　第1項の規定は、規程第722条第2項の規定の適用を受ける上場会社についての第310条第7項第2号の規定において準用する第212条第7項の規定の適用について準用する。

　なお、新型コロナウイルス感染症への感染予防及び感染拡大防止の観点から、2020年から上場審査業務においても各種の制約が課されているが、日本取引所自主規制法人（詳細は第4章で解説）では業務の複線化や電子的なコミュニケーションツールなどを活用することで、上場審査に支障が出ないよう各種の取組みが行われている。

第**2**章

上場審査基準について

◆ 1　日本取引所グループにおける自主規制業務

(1)　自主規制業務の位置付け

　株式会社日本取引所グループでは、その傘下に、金融商品取引所の市場運営会社である株式会社東京証券取引所及び株式会社大阪取引所と、自主規制業務を行う日本取引所自主規制法人を設ける組織体制をとっている。これは、金融商品取引所の自主規制業務を両取引所とは別の法人格を有する自主規制法人が遂行することで、自主規制機能の独立性を強化するとともに、持株会社を活用することで市場運営会社と自主規制法人の適切な連携による自主規制機能の実効性確保を図ることを目的としている。

　自主規制法人の独立性を担保するための枠組みとしては、自主規制法人の業務遂行における最上位の意思決定機関である理事会は過半が外部理事により構成され、意思決定においても独立したガバナンス体制が機能する仕組みが採用されていることなどが挙げられる。東証と自主規制法人は連携して常に必要な情報を共有するが、自主規制法人の業務遂行は、自主規制法人が独立して中立的な審査を行い、その審査結果に基づき、東証が承認又は処分その他の措置等を行うこととされている。

　実務においても市場運営会社である東証と自主規制法人の機能分担が図られており、東証は、自主規制法人に委託した業務を除く金融商品市場の開設に係る業務全般を行っており、上場制度、開示制度の企画立案に加え、上場会社との窓口として各種の相談対応・助言、変更上場等の上場有価証券に関する諸手続等を行っている。

　一方、自主規制法人は、東証から委託された自主規制業務を実施している。自主規制業務は、後述のとおり金融商品取引法及び「金融商品取引所等に関する内閣府令」に基づき定義されており、東京証券取引所が定める有価証券上場規程において具体的な取扱いが定められている[1]。とりわけ新規上場に関しては、上場規程第2編第2章の規定に基づく「新規上場」、上場規程第2編第3章の規定に基づく「新株券等の上場及び市場区分の変

更等」に各規程が置かれている。

(2) 自主規制業務の内容・機能

「自主規制業務」の内容は、調査、審査、処分の決定だけでなく不正の未然防止など多岐にわたり、対象も上場会社、上場を希望する会社、証券会社や投資者の取引など広範に及んでいる。自主規制業務は、株式取引をはじめとした金融商品取引の市場運営を行っている取引所が本来的に備えている不可欠な機能であり、金商法第84条第2項及び金融商品取引所等に関する内閣府令第7条各号においても自主規制業務の内容が明文化されている。

○金商法

第84条

1　金融商品取引所は、この法律及び定款その他の規則に従い、取引所金融商品市場における有価証券の売買及び市場デリバティブ取引を公正にし、並びに投資者を保護するため、自主規制業務を適切に行わなければならない。

2　前項の「自主規制業務」とは、金融商品取引所について行う次に掲げる業務をいう。

一　金融商品、金融指標又はオプション（以下この章において「金融商品等」という。）の上場及び上場廃止に関する業務（内閣府令で定めるものを除く。）

二　会員等の法令、法令に基づく行政官庁の処分若しくは定款その他の規則又は取引の信義則の遵守の状況の調査

三　その他取引所金融商品市場における取引の公正を確保するために必要な業務として内閣府令で定めるもの

1）厳密には、金商法第117条第1項第4号において、「有価証券の売買に係る有価証券の上場及び上場廃止の基準及び方法」を金融商品取引所の業務規程において定めることが求められている。これを受けて東京証券取引所業務規程第1条の3第4項において、「有価証券の上場、上場管理、上場廃止その他上場有価証券に関する事項は、有価証券上場規程をもって定める」と定められている。

○金融商品取引所等に関する内閣府令
第7条
　法第八十四条第二項第三号に規定する内閣府令で定めるものは、次に掲げるものとする。
　一　会員等が行う取引所金融商品市場における有価証券の売買又は市場デリバティブ取引の内容の審査（取引所金融商品市場における有価証券の売買又は市場デリバティブ取引を円滑にするため、これらの取引の状況について即時に行うものを除く。）
　二　会員等の資格の審査
　三　会員等に対する処分その他の措置に関する業務
　四　上場する有価証券の発行者が行う当該発行者に係る情報の開示又は提供に関する審査及び上場する有価証券の発行者に対する処分その他の措置に関する業務
　（以下省略）

　自主規制業務は、投資者からの金融商品市場に対する信頼確保を目的とし、有価証券の価格発見機能及び公正・健全な資金調達の場の提供等、その役割を果たすための取引所機能の根幹であり、市場の規律を保つための「品質管理」の機能を有するものと考えることができる[2]。
　とりわけ、上場審査は申請会社の上場適格性を判断し、市場に適格性を有さない者が入ってこないようにするゲートキーパー的な役割があるといえるだろう。

2）東京証券取引所「自主規制業務のあり方に関する特別委員会報告書」参照（http://www.jpx.co.jp/files/tse/about/press/051025s.pdf）。

◆2 上場審査基準

(1) 上場審査基準の目的

　第1章でも述べたとおり、上場とは、発行体が発行する有価証券等が金融商品取引所において不特定多数の投資者によって売買されるようになることをいうところ、投資者が安心して取引することを可能とするため、上場株式には、当該株式の価格が適切に常時表示されること（価格表示）、及び当該株式が常時売買可能であること（流動性確保）が求められることとなる。

　これらの上場株式に求められることが満たされているかを確認するために、東証では上場審査の基準を設けており、本則市場（市場第一部・第二部）の形式要件を上場規程第205条で規定し（マザーズ市場は上場規程第212条、JASDAQ市場は上場規程第216条の3）、実質審査基準を上場規程第207条で規定し、その必要な事項を「上場審査等に関するガイドライン」で詳しく定めている。

　なお、現在の「市場第一部」・「市場第二部」・「マザーズ」・「JASDAQ（スタンダード及びグロース）」の4つの市場区分は、2022年4月4日付で「プライム市場」・「スタンダード市場」・「グロース市場」の3つの市場区分への見直しが実施される予定である。各新市場区分のコンセプトに応じて、時価総額（流動性）やコーポレート・ガバナンスに関する上場基準が定められており、2020年11月の第一次改正[3]においては、現在の市場区分の新規上場時の形式要件及び実質基準に関して、新市場区分を想定した内容への見直しが既に実施されている。流通株式数や流通株式時価総額などの基準の計算に用いられる流通株式の定義の見直しが行われたほかは、

3）東京証券取引所「資本市場を通じた資金供給機能向上のための上場制度の見直しに係る有価証券上場規程等の一部改正について」（市場区分の再編に係る第一次制度改正事項）（https://www.jpx.co.jp/rules-participants/rules/revise/nlsgeu0000051qdc-att/gaiyou.pdf）。

現在の「市場第一部」の基準が「プライム市場」に、「市場第二部」・「JASDAQ スタンダード」の基準が「スタンダード市場」に、「マザーズ」の基準が「グロース市場」にそれぞれ採用されている。

　本稿執筆時点で新市場区分の上場審査基準に関する上場規程は規定されておらず、付則やコーポレートガバナンス・コードの箇所で新市場区分に関する記載が見受けられるにとどまっている。実務的には、新市場区分への新規上場申請は、新規上場日が2022年4月4日以降となることが見込まれる場合に行うことが可能となっており、それまでは現行の市場区分に係る新規上場申請として受理されることとなっている[4]。

(2)　形式要件

　「形式要件」とは、主に申請会社の定量的な側面を形式的に確認する基準であり、株主数及び流通株式など主に株式の流動性確保のための基準や企業の規模に関する基準のほか、時価総額・純資産額・利益の額等の企業規模に関する基準によって構成され、各市場のコンセプトが反映されている（図表2−1）。

　申請会社が(3)の実質審査基準の審査を受けるにあたっては、当該形式要件を充足していることが前提となっており、いわば上場申請のための足切り基準ともいえるものである。以下では市場第一部を例に各形式要件について確認する。市場第一部への銘柄指定は、上場規程第210条第1項で次のように規定されている。

4）東京証券取引所「市場区分の見直しに向けた上場制度の整備について−第二次制度改正事項に関するご説明資料−」。

〔図表 2-1〕

形式要件（項目）		市場第一部	市場第二部 JQ・スタンダード	マザーズ
流動性	株主数	800 人以上	400 人以上	150 人以上
	流通株式数	20,000 単位以上	2,000 単位以上	1,000 単位以上
	流通株式時価総額	100 億円以上	10 億円以上	5 億円以上
	時価総額	250 億円以上	—	—
ガバナンス	流通株式比率	35％以上	25％以上	25％以上
経営成績 財政状態	利益の額 又は売上高	最近 2 年間の経常利益の総額 25 億円以上 又は 最近 1 年間の売上高 100 億円以上　かつ、時価総額 1,000 億円以上	最近 1 年間の経常利益 1 億円以上	—
	純資産の額	50 億円以上	正	—
その他	事業継続年数 （取締役会設置）	3 年以上	3 年以上	1 年以上
	公募の実績	—	—	500 単位以上

（参考）ガバナンスコード	全原則適用	全原則適用	基本原則のみ適用

〇有価証券上場規程

第 210 条（新規上場時の市場第一部銘柄への指定）

1　当取引所は、第 205 条各号及び第 207 条第 1 項各号（同項第 1 号の規定の適用については、同号中「安定的な収益基盤」とあるのは「安定的かつ優れた収益基盤」とする。）に適合する本則市場へ新規上場申請が行われた内国株券（発行者が同一である議決権付株式と無議決権株式の新規上場申請が同時に行われたときは、無議決権株式を除く。）のうち、次の各号に適合するものについては、市場第一部銘柄に指定することができるものとする。この場合における当該各号の取扱いは施行規則で定める。

⑴　株主数

株主数が、上場の時までに、800人以上となる見込みのあること。

⑵　流通株式

次のaからcまでに適合すること。

　　a　流通株式の数が、上場の時までに、2万単位以上となる見込みのあること。

　　b　上場日における流通株式の時価総額が100億円以上となる見込みのあること。

　　c　流通株式の数が、上場の時までに、上場株券等の数の35％以上となる見込みのあること。

⑶　時価総額

上場日における時価総額が250億円以上となる見込みのあること。

⑷　純資産の額

上場日における純資産の額が50億円以上となる見込みのあること。

⑸　利益の額又は売上高

次のa又はbに適合すること。

　　a　最近2年間における利益の額の総額が25億円以上であること。

　　b　最近1年間における売上高が100億円以上であって、かつ、上場日における時価総額が1,000億円以上となる見込みのあること。

2　当取引所は、第206条各項各号及び第207条第1項各号（同項第1号の規定の適用については、同号中「安定的な収益基盤」とあるのは「安定的かつ優れた収益基盤」とする。）に適合する本則市場へ新規上場申請が行われた外国株券等のうち、前項各号（同項第2号については、同号a及びbに限る。）に適合するものについては、市場第一部銘柄に指定することができるものとする。

3　第206条第2項に規定する民営化外国会社についての第2項の規定による第1項第5号の規定については、同号a中「最近2年間」とあるのは「最近2年間（施行規則で定める場合には、2年以内で当取引所が定める期間）」と、同号b中「最近1年間」とあるのは「最近1年間（施行規則で定める場合には、1年以内で当取引所が定める期間）」とする。

4　第1項及び第2項において適用する第207条第1項の審査に関して必要な事項は、上場審査等に関するガイドラインをもって定める。

5　当取引所は、市場第一部銘柄である上場株券等（上場優先出資証券を除く。以下この条において同じ。）を発行する上場会社が、前２条の規定の適用を受ける場合には、次の各号の株券等の区分に従い、当該各号に適合するものについては、市場第一部銘柄に指定することができるものとする。

　(1)　内国株券（発行者が同一である議決権付株式と無議決権株式の新規上場申請が同時に行われたときは、無議決権株式を除く。）又は外国株券等（重複上場の場合を除く。）

　次のａからｃまでのいずれにも適合すること。

　　　ａ　株主数が、上場後最初に終了する事業年度の末日までに、800人以上となる見込みのあること。

　　　ｂ　流通株式の数が、上場後最初に終了する事業年度の末日までに、１万単位以上となる見込みのあること。

　　　ｃ　流通株式の時価総額が、上場後最初に終了する事業年度の末日までに、10億円以上となる見込みのあること。

　(2)　外国株券等（重複上場の場合に限る。）

　当該外国株券等についての流通の状況が、上場の時までに、第311条第４項第１号に該当することが見込まれるものでないこと。

6　事業年度の末日と異なる日が株主等基準日である上場会社についての前項第１号の規定の適用については、同号中「上場後最初に終了する事業年度の末日」とあるのは「上場後最初に到来する株主等基準日」とする。

7　発行者が同一である議決権付株式と無議決権株式の新規上場申請が同時に行われた場合において、当該議決権付株式が市場第一部銘柄に指定されたときは、当該無議決権株式についても市場第一部銘柄に指定する。

　①　株主数

「株主数が、上場の時までに、800人以上となる見込みのあること」が要件となっている（上場規程第201条第１項第１号）。株主数の基準は上場後の株式の円滑な流通及び公正な価格形成の確保にあることから、上場規程に規定されているとおり、上場日までに充足すれば足りることとされている。

② 流通株式

「流通株式の数が、上場の時までに、2万単位以上となる見込みのあること」、「上場日における流通株式の時価総額が100億円以上となる見込みのあること」、「流通株式の数が、上場の時までに、上場株券等の数の35％以上となる見込みのあること」が要件となっている（上場規程第201条第1項第2号）。

新規株式上場における流通株式とは、上場申請に係る株式のうち、大株主及び役員等の所有する株式並びに申請会社が所有する自己株式など、その所有が固定的で流通可能性が認められない株式を除いたものをいい、申請会社の発行済株式から流通していないとされる株式を除いた消極的に定義（控除）した概念である。当該基準も上場後の株式の円滑な流通及び公正な価格形成を確保する点にその趣旨があり、上場会社としての公開性を担保するための基準である。このため、株主数同様当該基準も上場日までに充足すれば足りることとされている。

なお、かかる流通株式の定義については、以下の内容で見直しが東証から発表されている[5]。

- 上場株式のうち、「国内の普通銀行[6]、保険会社及び事業法人等[7]」の所有する株式については、上場株式数の10％未満を所有する場合も流通株式から除く（ただし、直近の大量保有報告書等[8]において保有目的が「純投資」と記載されている株式については、流通株式

---

5) 東京証券取引所「市場区分の見直しに向けた上場制度の整備について－第二次制度改正事項に関するご説明資料－」（https://www.jpx.co.jp/equities/improvements/market-structure/nlsgeu000003pd3t-att/nlsgeu000005jkv0.pdf）。
6) 普通銀行とは、都市銀行や地方銀行を指し、信託銀行（信託口を含む）、信用金庫、信用組合、労働金庫、農林系金融機関、政府系金融機関、証券金融会社等は含まないものとされている。
7) 事業法人等は、金融機関及び金融商品取引業者以外のすべての法人を指し、例えば、財団法人・学校法人等の法人も含むとされている。
8) 最近5年間の売買実績及び所有目的を記載した株主作成の書面を含むとされている。

〔図表 2 – 2〕[9]

〈参考〉流通株式数の計算方法

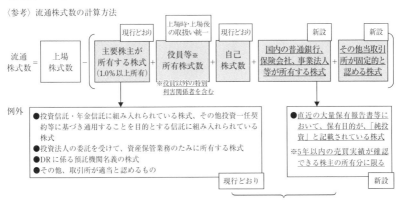

流通株式に関する上場維持基準又は上場審査基準を満たさない場合において、確認が行われる予定。

　　　　　として取り扱う（5 年以内の売買実績が確認できる株主の所有分に限る）。
・　役員以外の特別利害関係者[10] の所有する株式は流通株式から除く
・　上場維持基準における流通株式の算定も同様

　当該見直しは、2019 年に東証が実施した意見募集などにおいて、「実態として流通性が乏しい株式が含まれており、結果として流通基準が適切に機能していないのではないか」との指摘が国内外の機関投資家から寄せられていたことを受けて実施されるものである。当該指摘を受けて、東証は「東証市場における売買動向を所有者の属性ごとに分析した結果に基づき、極端に売買回転率が低い傾向となっている国内の普通銀行、保険会社及び事業法人等の保有する株式を、個々の株主の所有比率が 10% 未満である場合でも原則として「流通性の乏しい有価証券」として取り扱うことと

9)　日本取引所グループ「市場区分の見直しに向けた上場制度の整備について－第二次制度改正事項に関するご説明資料－」（https://www.jpx.co.jp/equities/improvements/market-structure/nlsgeu000003pd3t-att/nlsgeu000005jkv0.pdf）。
10)　特別利害関係者は、①上場会社の役員の配偶者及び二親等内の血族、②役員又は前①に掲げる者が議決権の過半数を保有する会社、③上場会社の関係会社及びその役員を指すとされている。

し、一方で、これらの属性の株主が所有する株式であっても、必ずしも固定的・安定的な所有を意図したものではない場合がありうることから、最近5年間における売買の実績が確認でき、かつ、保有目的が「純投資」と確認できる株式は、例外的に流通株式として取り扱うことができるものとした」とされている[11]。

当該流通株式の定義の見直しは、現行の市場区分においては適用されず、新市場区分への移行後において、新規上場基準及び上場維持基準への適合状況の確認から適用されることとなっている。

③　時価総額
時価総額が「上場日における時価総額が250億円以上となる見込みのあること」が要件となっている（上場規程第210条第1項第3号）。時価総額の計算には、上場時に見込まれる上場株券等の数に株価[12]を乗じて計算された額を用いる。申請会社が既に上場している場合の時価総額の計算には、上場時に見込まれる上場株券等の数に株価を乗じて計算された額に、申請会社が発行するすべての上場株式等に係る時価総額を加えた額とされる（上場施行規則第217条第3項）。

> ○有価証券上場規程施行規則
> 第217条第3項（新規上場時の市場第一部銘柄への指定の取扱い）
> 　規程第210条第1項第3号に規定する時価総額とは、第212条第2項各号に掲げる新規上場申請者の区分に従い当該各号に定める価格に上場の時において見込まれる上場株券等の数を乗じて得た額（複数の種類の株券等の新規上場申請が同時に行われた場合は、当該株券等の種類ごとに算定した額を合算する。）に、当該新規上場申請者が発行するその他のすべての株式（国内の金融商品取引所に上場されているもの又は外国金融商品取引所等において上場若しくは継続的に取引されているものに限る。）に係る時価総額（当取引所が定めるところにより算定する。）を加えた額をいう。

11）池田直隆「東証における市場区分の再編について（概観）」月刊監査役724号（2021）111頁。
12）申請会社が未上場の場合には、新規上場時の公募・売出しの見込み価格を、公募売出しがない場合には東証が合理的に認める算定式により計算された株券等の評価額とされる。

④　事業継続年数

　事業継続年数として、「新規上場申請日から起算して3年前より前から取締役会（協同組織金融機関又は外国会社にあっては、これに相当する機関をいう。以下同じ。）を設置して継続的に事業活動をしていること」が要件となっている（上場規程第205条第4号）。申請会社は、上場申請に先立ち、少なくとも3年以上取締役会を設置して運営することが求められている。当該基準は、上場審査において取締役会が設置されて適切に運営されているか確認するために最低限必要な期間として設定されたものである。

⑤　純資産額

　「上場日における純資産の額が50億円以上となる見込みのあること」が要件となっている（上場規程第210条第1項第4号）。当該基準は、多くの機関投資家の投資対象となりうる規模の時価総額を持つことが要件（プライム市場のコンセプト）となっていることを受けて設定されている。なお、図表2-1のとおり、市場第二部及びJASDAQスタンダード市場は純資産が正であれば足り、マザーズ市場は純資産の要件は課されていない。純資産の計算においては、上場前の公募による調達見込額を加算した純資産の額を対象とすることができる。

⑥　利益の額又は売上額

　利益・売上額の要件として、「最近2年間における利益の額の総額が25億円以上であること」又は「最近1年間における売上高が100億円以上であって、かつ、上場日における時価総額が1,000億円以上となる見込みのあること」が要件となっている（上場規程第210条第1項第5号）。

　利益基準を用いる場合、未上場会社は、新規上場申請のための有価証券報告書[13]に掲載される直前期及び直前々期の連結財務諸表又は財務諸表

13）新規上場申請のための有価証券報告書とは、申請会社が上場申請にあたって東証に提出を義務付けられている書類の1つである（上場規程第204条第2項、上場施行規則第204条第1項第4号）。金商法上の有価証券報告書と同様、投資者に対し、投資判断に有用な情報を開示することを目的とした書類であり、本則市場への上場申請においては、新規上場申請のた

の数字が用いられることとなり、既上場会社の場合には、新規上場申請の
ための有価証券報告書に加え、過去に提出された有価証券届出書又は有価
証券報告書に記載された直前々期の連結財務諸表又は財務諸表の数字が用
いられることとなる。

　なお、「利益の額」は、連結損益計算書等に基づいて算定される利益の
額（連結財務諸表規則第61条により記載される「経常利益金額」又は「経常損
失金額」に連結財務諸表規則第65条第3項により記載される金額を加減して算
出された金額）が用いられる。ただし、新規上場申請者がIFRS[14]任意適

めの有価証券報告書はⅠの部とⅡの部で構成されている。本則市場における提出書類である
Ⅱの部は、マザーズの場合は「各種説明資料」（上場施行規則第219条第1項第4号）、
JASDAQの場合は「JASDAQ申請レポート」（上場施行規則第229条の3第1項第2号）と
いう名称が用いられている。なお、新市場区分においては、プライム市場及びスタンダード
市場ではⅡの部、グロース市場では各種説明資料という名称が用いられる予定である。
Ⅰの部は、企業情報（企業概況、事業状況、事業上のリスク、設備、経理の状況等）や株
式公開情報（特別利害関係者等の株式等の移動状況、第三者割当等の概況、株主の状況）
などが記載される書類であり、原則として、新規公開時に提出する有価証券届出書の様式
である企業内容等の開示に関する内閣府令第2号の4様式に準じて投資者の投資判断上有
用な情報が正確かつわかりやすく記載されていることが求められる（企業内容等の開示に
関する内閣府令第8条第2項第1号）。Ⅰの部は、上場承認後、投資者に対する企業情報の
開示を目的とした書類として東証の東証のホームページに掲載され、EDINETにおいては
通常「有価証券届出書（新規公開時）」という名称で公衆縦覧に供されることとなる。
これに対してⅡの部は、申請会社が上場審査のために東証に向けて提出する書類であり、
東証が要請している記載要領に基づき作成する必要がある。東証上場審査担当者はⅡの部
を手掛かりに上場審査を進めていくことから、記載にあたっては申請会社の状況をありの
ままに飾ることなく記載することが東証から要請されている。Ⅱの部はⅠの部とは異なり、
Ⅰの部の内容を補完する上場審査資料という位置付けであることから、上場承認後も公衆
縦覧に供されることはない。

14）IFRSとは、International Financial Reporting Standardsの略称であり（邦訳は「国際財務報
告基準」）、国際会計基準審議会（IASB）によって設定されている会計基準をいう。IFRSは
世界共通の会計基準を目指して策定されたものである。
（参考）日本公認会計士協会「IASB・IFRSの基礎知識」（https://jicpa.or.jp/specialized_
field/ifrs/basic/）
日本では、国際的な同業他社との比較可能性を高めることへのニーズが高まりを受けて、
2009年に金融庁から「我が国における国際会計基準の取扱いに関する意見書（中間報告）」
が公表され、日本におけるIFRS導入に向けての方向性が示され、2010年3月期から一定の
要件を充たす日本企業についてIFRSの任意適用が開始されている。
金融庁「我が国における国際会計基準の取扱いに関する意見書（中間報告）」の公表につい
て（https://www.fsa.go.jp/news/20/20090630-4.html）

用会社である場合又は連結財務諸表規則第 94 条若しくは連結財務諸表規則第 95 条の規定の適用を受ける場合は、連結損益計算書等に基づいて算定される利益の額に相当する額をいうものとされている（上場施行規則第 217 条第 5 項第 1 号、第 212 条第 5 項）。

　売上額基準を用いる場合、連結損益計算書等（審査対象期間において申請会社が連結財務諸表を作成すべきでない期間がある場合は損益計算書を用いる）に掲載される売上高の数字が用いられることとなる。

　⑦　虚偽記載又は不適正意見等
　最近 2 年間に終了する各事業年度の財務諸表等が記載又は参照される有価証券報告書等に虚偽記載を行っておらず、監査法人等の監査報告書において、原則として「無限定適正意見」又は「除外事項を付した限定付適正意見」が記載されていることなどが要件とされている（上場規程第 205 条第 7 号）。これらの要件は、上場審査が適切な会計処理等に基づく財務諸表等に基づき行われることを前提とするための基準である。監査法人から懸念が示された状態で上場することは、上場後の投資者の投資判断を誤らせる結果につながるため、当然の前提となるものである。

○有価証券上場規程

第 205 条第 7 号（内国会社の形式要件）

　(7)　虚偽記載又は不適正意見等

　次の a から d までに適合すること。

　　a　最近 2 年間に終了する各事業年度若しくは各連結会計年度の財務諸表等又は各事業年度における四半期会計期間若しくは各連結会計年度における四半期連結会計期間の四半期財務諸表等が記載又は参照される有価証券報告書等に虚偽記載を行っていないこと。

金融庁企業会計審議会「国際会計基準（IFRS）への対応のあり方についてのこれまでの議論（中間的論点整理）」の公表について（https://www.fsa.go.jp/inter/etc/20120702-1.html）
2021 年 12 月現在、IFRS を既に適用している上場会社は 238 社、適用を決定している上場会社は 12 社となっている。
日本取引所グループ「IFRS（国際財務報告基準）への対応」（https://www.jpx.co.jp/equities/improvements/ifrs/02.html）

b 最近2年間に終了する各事業年度及び各連結会計年度の財務諸表等に添付される監査報告書（最近1年間に終了する事業年度及び連結会計年度の財務諸表等に添付されるものを除く。）において、公認会計士等の「無限定適正意見」又は「除外事項を付した限定付適正意見」が記載されていること。ただし、施行規則で定める場合は、この限りでない。

c 最近1年間に終了する事業年度及び連結会計年度の財務諸表等に添付される監査報告書並びに最近1年間に終了する事業年度における四半期会計期間及び連結会計年度における四半期連結会計期間の四半期財務諸表等に添付される四半期レビュー報告書において、公認会計士等の「無限定適正意見」又は「無限定の結論」（特定事業会社にあっては、「中間財務諸表等が有用な情報を表示している旨の意見」を含む。）が記載されていること。ただし、施行規則で定める場合は、この限りでない。

d 新規上場申請に係る株券等が国内の他の金融商品取引所に上場されている場合にあっては、次の(a)及び(b)に該当するものでないこと。

(a) 最近1年間に終了する事業年度に係る内部統制報告書において、「評価結果を表明できない」旨が記載されていること。

(b) 最近1年間に終了する事業年度に係る内部統制報告書に対する内部統制監査報告書において、「意見の表明をしない」旨が記載されていること。

⑧ 上場会社監査事務所による監査

最近2年間の財務諸表等について、上場会社監査事務所（日本公認会計士協会の上場会社監査事務所登録制度に基づき準登録事務所名簿に登録されている監査事務所（日本公認会計士協会の品質管理レビューを受けた者に限る。）を含む。）の金商法第193条の2の規定に準ずる監査又は四半期レビューを受けていることが要件とされている（上場規程205条第7号の2）。前述のとおり、監査法人の監査意見を経ることを前提とすることで、申請会社が適切な会計処理等に基づき財務諸表等を作成していることを担保しようとするものである。東証は、監査の信頼性確保のため、属人的な監査を防止するために組織化された監査体制に基づく監査意見が重要であるとし、監査法人又は複数の公認会計士による共同監査が行われていることを新規

上場申請者に求めている。加えて、監査体制の充実及び独立性確保の観点
から、上場会社監査事務所部会へ「組織形態」が監査法人又は共同事務所
として登録が行われ、組織的監査体制が整備された監査法人又は共同事務
所を監査人に選定する旨の要請が東証からなされている[15]。

⑨　株式事務代行機関の設置
　株式事務を東証の承認する株式事務代行機関に委託しているか、当該株
式事務代行機関から受託する旨の内諾を得ていることが要件とされている
（上場規程第 205 条第 8 号）[16]。

⑩　単元株式数及び株券の種類
　単元株式数が、上場の時に 100 株となる見込みのあることが要件とされ
ている（上場規程第 205 条第 9 号）。投資者が東証市場を利用しやすくする
ため、全上場会社の売買単位を 100 株に統一していることから[17]、新規上
場申請者にもその売買単位を予め調整することを求めるものである。
　また、株券の種類に関して、原則として、次の a から c までに掲げる株
券のいずれかであることが要件とされている（上場規程第 205 条第 9 号の
2）。

　　a　議決権付株式を 1 種類のみ発行している会社における当該議決権付
　　　　株式
　　b　複数の種類の議決権付株式を発行している会社において、取締役の
　　　　選解任その他の重要な事項について株主総会において一個の議決権
　　　　を行使することができる数の株式に係る剰余金の配当請求権その他

15）新規上場ガイドブック（市場第一部編）44 頁。
16）東証が現在承認している株式事務代行機関は、信託銀行、東京証券代行株式会社、日本証
　　券代行株式会社、株式会社アイ・アールジャパンの各社とされている（上場施行規則第 212
　　条第 7 項各号）。
17）2018 年 10 月 1 日に内国株式の売買単位が 100 株に統一されている（https://www.jpx.co.jp/
　　equities/improvements/unit/index.html）。

の経済的利益を受ける権利の価額等が他のいずれの種類の議決権付
株式よりも高い種類の議決権付株式

c　無議決権株式

なお、bに掲げる株券にあっては、当該株券以外に新規上場申請を行う
銘柄がないことが要件とされている。市場に株式を流通させる株式会社が
種類株式を発行していると株主間の権利関係が複雑となり、コーポレー
ト・ガバナンスに歪みをもたらし、投資者の利益を害するおそれが生じる
ため、新規上場時の種類株式は必要性と相当性が認められない限り制限さ
れている。

例外として、2014年3月に議決権制限種類株式を発行したうえでマザー
ズ市場に上場したCYBERDINE株式会社の事例があるが、同社上場後に
現在に至るまで同社以外に種類株式の上場を行った会社はまだない[18]。

⑪　株式の譲渡制限

新規上場申請に係る株式の譲渡につき制限を行っていないこと又は上場
の時までに制限を行わないこととなる見込みのあることが要件となってい
る（上場規程第205条第10号）。

不特定多数の投資者が参加する金融商品市場に上場する株式に譲渡制限
が設定されていると株式の流通性を害し、コーポレート・ガバナンスに歪

---

18)　種類株式上場のあり方に関しては、上場制度整備懇談会等における長い議論の歴史を経て、
現在の審査制度となっている。2008年以前の上場規則では、上場会社の種類株式に関する
規定は存在せず、上場会社が発行する株式は普通株式であることが当然の前提とされてい
たが、2006年の上場制度整備懇談会、2008年の種類株式の上場制度整備に向けた実務者懇
談会の「議決権種類株式の上場制度に関する報告書」を受けて、議決権種類株式の上場要
件が具体的に示され、審査項目にも種類株式を想定した記載がなされることとなった。
その後、2014年のCYBERDINE株式会社の上場を受け、再度、上場制度整備懇談会で
議論が進み、議決権種類株式の利用の必要性及び当該必要性に照らしたスキームの相当性に
ついて、株主共同の利益の観点から確認することが明確化された。具体的には、上場審査ガ
イドラインⅡ6、Ⅲ6.「公益又は投資者保護の観点」において、上場後の株主の権利が不当に
制限されるおそれがないことを求めたうえで、種類株式を置いたままで上場するには、当該
種類株式を残しておく必要性、相当性が認められる場合に限り許容される旨の条項が規定さ
れている。

みをもたらすおそれが生じることから、譲渡制限付株式を発行している申
請会社は、上場審査期間内に譲渡制限を外す必要がある。

⑫　指定振替機関における取扱い

申請会社の株式が株式会社証券保管振替機構の振替業における取扱いの
対象であること又は上場の時までに取扱いの対象となる見込みのあること
が要件とされている（上場規程第205条第11号）。申請会社の株式が株式会
社証券保管振替機構の振替業における取扱いの対象となるためには、株券
不発行会社であることが求められることから、申請会社が株券発行会社で
ある場合には、審査期間終了までに株券不発行会社となるための手続きを
行う必要がある。

○有価証券上場規程
第2条（定義）
　この規程において、次の各号に掲げる用語の意義は、当該各号に定めると
ころによる。
(42) 指定振替機関　振替法第2条第2項に規定する振替機関であって施行規
　則で定める者をいう。

○有価証券上場規程施行規則
第4条（指定振替機関の定義）
　規程第2条第42号に規定する施行規則で定める者は、株式会社証券保管振
替機構とする。

⑬　合併等の実施の見込み

新規上場申請後、以下に該当するような合併等の予定がないことが要件
とされている（上場規程第205条第12号）。これは、上場審査において審査
の対象となった会社が上場承認後に実質的に別の会社となり、上場審査が
潜脱されることを防止するものである。

○有価証券上場規程

第 205 条第 12 号

　a　新規上場申請日以後、同日の直前事業年度の末日から 2 年以内に、合併（新規上場申請者とその子会社又は新規上場申請者の子会社間の合併及び第 208 条第 1 号又は第 2 号に該当する合併を除く。）、会社分割（新規上場申請者とその子会社又は新規上場申請者の子会社間の会社分割を除く。）、子会社化若しくは非子会社化又は事業の譲受け若しくは譲渡（新規上場申請者とその子会社又は新規上場申請者の子会社間の事業の譲受け又は譲渡を除く。）を行う予定のある場合（合併、会社分割並びに事業の譲受け及び譲渡については、新規上場申請者の子会社が行う予定のある場合を含む。）であって、新規上場申請者が当該行為により実質的な存続会社でなくなると当取引所が認めたとき。ただし、施行規則で定める場合は、この限りでない。

　b　新規上場申請者が解散会社となる合併、他の会社の完全子会社となる株式交換又は株式移転を新規上場申請日の直前事業年度の末日から 2 年以内に行う予定のある場合（上場日以前に行う予定のある場合を除く。）

(3)　実質審査基準

　「実質審査基準」とは、前述の形式要件に適合する申請会社を対象として、主に定性的な側面を確認する基準であり、自主規制法人の上場審査の中心となる。本則市場の実質審査基準に列挙されている各項目は、公益又は投資者保護上の観点から必要となる審査項目を例示的に列挙したものであり、継続性・収益性、健全性、ガバナンス及び内部管理の状況、開示の適正性以外でも一般株主目線で考えた場合、問題となる事象は当然に審査の対象となり、否定的な判断につながることもありうる。どの市場も大きく分けて 5 つの基準があり、市場の特色に合わせて基準が若干異なっている（図表 2-3）。例えば、市場第一部、市場第二部、JQ スタンダードでは、企業の継続性に加えて収益性、つまり将来にわたって利益を計上し続ける見込みがあることを実質的に求めている一方、マザーズ市場等では、赤字であっても高い成長可能性があれば上場できるため、収益性つまり利

〔図表2-3〕

市場第一部	市場第二部 JQ・スタンダード	マザーズ
企業の継続性及び収益性		事業計画の合理性
継続的に事業を営み、かつ、<u>安定的かつ優れた収益基盤</u>を有していること	継続的に事業を営み、かつ、安定的な収益基盤を有していること	事業計画を遂行するために必要な事業基盤を整備していること又は整備する合理的な見込みのあること
企業経営の健全性		
事業を公正かつ忠実に遂行していること		
企業コーポレート・ガバナンス及び内部管理体制の有効性		
コーポレート・ガバナンス及び内部管理体制が適切に整備され、機能していること		コーポレート・ガバナンス及び内部管理体制が、企業の規模や成熟度等に応じて整備され、適切に機能していること
企業内容等の開示の適正性		企業内容、リスク情報等の開示の適切性
企業内容等の開示を適正に行うことができる状況にあること		企業内容、リスク情報等の開示を適切に行うことができる状況にあること
その他公益又は投資者保護の視点から東証が必要と認める事項		

実施基準（概要）対応項目を比較

益の計上ではなく、将来の事業計画の合理性を求めている。

　実質審査基準は、上場会社として必要とされる5つの適格要件で構成されており、各適格要件に適合するか否かを判断する観点が「上場審査等に関するガイドライン」において規定されている。実際の審査では、申請会社が東証に提出する「新規上場申請のための有価証券報告書（「Ⅰの部」及び「Ⅱの部」）に記載された内容及び申請会社に対するヒアリング等を通じて適合状況が判断されることとなる。

　以下では市場第一部を例に各実質基準について確認する。

ア　企業の継続性及び収益性

　企業の継続性及び収益性は、以下のとおり上場審査ガイドラインⅡ2.で規定されている[19]。

〇上場審査等に関するガイドライン　Ⅱ　株券等の新規上場審査〔本則市場〕
（企業の継続性及び収益性）

2．規程第207条第1項第1号に定める事項についての上場審査は、次の⑴から⑶までに掲げる観点その他の観点から検討することにより行う。

　⑴　新規上場申請者の企業グループの事業計画が、そのビジネスモデル、事業環境、リスク要因等を踏まえて、適切に策定されていると認められること。

　⑵　新規上場申請者の企業グループが今後において安定的に利益を計上することができる合理的な見込みがあること。

　⑶　新規上場申請者の企業グループの経営活動（事業活動並びに投資活動及び財務活動をいう。以下同じ。）が、次のaからdまでに掲げる事項その他の事項から、安定かつ継続的に遂行することができる状況にあると認められること。

　　a　新規上場申請者の企業グループの事業活動が、次の⒜及び⒝に掲げる状況にあること。

　　⒜　仕入れ、生産、販売の状況、取引先との取引実績並びに製商品・サービスの特徴及び需要動向その他の事業の遂行に関する状況（企業グループの構造に関する観点を除く。）に照らして、事業活動が安定かつ継続的に遂行することができる状況にあること。

　　⒝　企業グループの構造が、継続的な事業活動の遂行を著しく妨げるものでないこと。

　　b　新規上場申請者の企業グループの設備投資及び事業投資等の投資活動が、投資状況の推移及び今後の見通し等の状況に照らして、経営活動の継続性に支障を来す状況にないこと。

　　c　新規上場申請者の企業グループの資金調達等の財務活動が、財務状況の推移及び今後の見通し等に照らして、経営活動の継続性に支障を来

19）　同ガイドラインにおいては、ガイドライン本文において、条・項・号の記載が見受けられないことから、本書では単に数字のみを挙げるものとする。

す状況にないこと。
 d 　新規上場申請者の企業グループの主要な事業活動の前提となる事項
 （主要な業務又は製商品に係る許可、認可、免許若しくは登録又は販売代
 理店契約若しくは生産委託契約をいう。以下同じ。）について、その継続
 に支障を来す要因が発生している状況が見られないこと。

　上場審査ガイドラインⅡ2.(1)では「新規上場申請者の企業グループの
事業計画が、そのビジネスモデル、事業環境、リスク要因等を踏まえて、
適切に策定されていると認められること」が求められている。これは、申
請会社グループの事業計画が経営者等の独断と偏見に基づく単なる主観的
な計画や努力目標ではなく、ビジネスモデルや事業環境、リスク要因等の
客観的な事実に基づいて、適切な方法、プロセスで策定されているかを確
認するものである。実際の審査では、申請会社のビジネスモデルの特徴や
収益構造について、過年度の業績変動要因も踏まえたうえで、今後の事業
展開に関して考慮すべき様々な事由（業界環境、競合他社の状況、市場規
模・市況、商品サービスの需要見込み、原材料市場等の動向、主要な取引先の
状況、法的規制の状況等）が事業計画に適切に反映されているか、事業計
画の策定方法として一部の者の独断ではなく、組織的な手続きを踏んだ策
定方法が取られているかが確認されることになる。
　次に、上場審査ガイドラインⅡ2.(2)では、「新規上場申請者の企業グ
ループが今後において安定的に利益を計上することができる合理的な見込
みがあること」が求められている。確認方法としては、(1)の事業計画が適
切に策定されていることを前提として、過年度及び申請期での申請会社グ
ループの業績動向と事業計画の内容に基づき、申請会社が今後も安定的に
利益を計上していくことができるかどうかが確認されることとなる。特
に、上場申請時までの申請会社の業績が減益基調で推移している場合に
は、現在安定的に利益を計上することができていない状況をどのように計
上していくことができるのか、足元の業績予想進捗状況などを踏まえてよ
り具体的に確認されることとなる。なお、当該項目における「利益」と
は、本業における収益性を確認する観点から、原則として経常利益を意味

するものとされている。

　最後に、上場審査ガイドラインⅡ 2.(3)では、「新規上場申請者の企業グループの経営活動が、次のａからｄまでに掲げる事項その他の事項から、安定かつ継続的に遂行することができる状況にあると認められること」が求められている。ここでは、申請会社の事業活動が上場後も安定かつ継続的に遂行することができるかを実態面から確認されることになる。

　上場審査ガイドラインⅡ 2.(3)ａ(a)では、「仕入れ、生産、販売の状況、取引先との取引実績並びに製商品・サービスの特徴及び需要動向その他の事業の遂行に関する状況（企業グループの構造に関する観点を除く。）に照らして、事業活動が安定かつ継続的に遂行することができる状況にあること」が求められている。

　具体的には、「仕入れ」に関しては、申請会社の事業活動において必要な品目がどのように調達されるのか、仕入先、金額、代替可能性などを考慮して確認される。「生産」に関しては、継続的な販売活動に支障を来さないような量を供給先の信頼に応える品質を維持しつつ確保することができるか、外注先を利用する場合には当該外注先による供給に問題はないかどうかが確認されることとなる。「販売の状況、取引先との取引実績」に関しては、主要な販売先に対するこれまでの販売状況、今後の見込み、関係解消時の代替先の有無など、これまでと今後の取引状況が確認されることとなる。「製商品・サービスの特徴」及び「需要動向その他の事業の遂行に関する状況」としては、申請会社の製商品がどのような市場に属するのか、業界環境の状況、業界の市場規模が縮小傾向にないか、申請会社の商品・サービスが市場、業界環境の中でどのような位置付けにあるかが確認されることとなる。

　上場審査ガイドラインⅡ 2.(3)ａ(b)では、「企業グループの構造が、継続的な事業活動の遂行を著しく妨げるものでないこと」が求められている。ここでは、例えば、外資規制の適用を受ける海外企業が申請会社の企業グループに属する場合において、申請会社グループの継続的な事業活動の遂行を著しく妨げるような影響力を行使されるような特殊な状況にないか等が確認されることとなる。

上場審査ガイドラインⅡ2.(3)bでは、「新規上場申請者の企業グループの設備投資及び事業投資等の投資活動が、投資状況の推移及び今後の見通し等の状況に照らして、経営活動の継続性に支障を来す状況にないこと」が求められている。ここでは、事業活動の競争力維持、事業規模拡大などに対応するための申請会社グループの設備投資や研究開発投資などの投資計画が適切に策定されているかが確認されることとなる。特に中長期的な企業価値向上のための投資により、一時的に相応の利益を計上することが見込めない場合には、投資活動の規模及び期間が企業の継続性の観点から問題となる設定となっていないか、キャッシュフロー計画などに基づき詳細な確認が行われることとなる。

　上場審査ガイドラインⅡ2.(3)cでは、「新規上場申請者の企業グループの資金調達等の財務活動が、財務状況の推移及び今後の見通し等に照らして、経営活動の継続性に支障を来す状況にないこと」が求められている。ここでは、申請会社グループの財務状況に照らして、投資計画の遂行及び事業規模拡大にあたって必要となる資金調達の目途、見通しが確認されることとなる。

　上場審査ガイドラインⅡ2.(3)dでは、「新規上場申請者の企業グループの主要な事業活動の前提となる事項について、その継続に支障を来す要因が発生している状況が見られないこと」が求められている。ここでは、申請会社グループの主要な事業活動において、許認可等を必要とする場合、上場後も継続して申請会社グループが取得している許認可等を用いることができるかが確認されることとなる。許認可の種類によっては、許認可の有効期限、取消条件、変更可能性などが定められていることがあるため、上場後に申請会社グループの主要な事業活動に支障をきたすことがないか詳細な確認が行われることとなる。なお、当該項目は、投資判断においても重要な内容であるため、上場承認時に日本取引所グループのホームページに公表される新規上場申請のための有価証券報告書（Ⅰの部）の事業等のリスクにも記載されることがある。

　イ　企業経営の健全性

企業経営の健全性に関しては、以下のとおり上場審査ガイドラインⅡ

3.で規定されている。本項目では、株主の利益を保護する観点から申請会社の企業グループが事業を公正かつ忠実に遂行しているかが確認されることとなる。

○上場審査等に関するガイドライン　Ⅱ　株券等の新規上場審査〔本則市場〕（企業経営の健全性）

3．規程第207条第1項第2号に定める事項についての上場審査は、次の(1)から(3)までに掲げる観点その他の観点から検討することにより行う。

　(1)　新規上場申請者の企業グループが、次のa及びbに掲げる事項その他の事項から、その関連当事者その他の特定の者との間で、取引行為（間接的な取引行為及び無償の役務の提供及び享受を含む。以下同じ。）その他の経営活動を通じて不当に利益を供与又は享受していないと認められること。

　　a　新規上場申請者の企業グループとその関連当事者（財務諸表等規則第8条第17項に掲げる関連当事者をいう。以下同じ。）その他の特定の者との間に取引が発生している場合において、当該取引が取引を継続する合理性及び取引価格を含めた取引条件の妥当性を有すること。

　　b　新規上場申請者の企業グループの関連当事者その他の特定の者が自己の利益を優先することにより、新規上場申請者の企業グループの利益が不当に損なわれる状況にないこと。

　(2)　新規上場申請者の役員（取締役、会計参与（会計参与が法人であるときはその職務を行うべき社員を含む。以下同じ。）、監査役又は執行役（理事及び監事その他これらに準ずるものを含む。）。以下同じ。）の相互の親族関係、その構成、勤務実態又は他の会社等の役職員等との兼職の状況が、当該新規上場申請者の役員としての公正、忠実かつ十分な職務の執行又は有効な監査の実施を損なう状況でないと認められること。この場合において、新規上場申請者の取締役、会計参与又は執行役その他これらに準ずるものの配偶者並びに二親等内の血族及び姻族が監査役、監査等委員又は監査委員その他これらに準ずるものに就任しているときは、有効な監査の実施を損なう状況にあるとみなすものとする。

　(3)　新規上場申請者が親会社等を有している場合（上場後最初に終了する事業年度の末日までに親会社等を有しないこととなる見込みがある場合を除く。）には、次のaからcまでに掲げる事項その他の事項から、新規上場

申請者の企業グループの経営活動が当該親会社等からの独立性を有する状況にあると認められること。

　　a　新規上場申請者の企業グループの事業内容と親会社等の企業グループ（新規上場申請者の企業グループを除く。以下同じ。）の事業内容の関連性、親会社等の企業グループからの事業調整の状況及びその可能性その他の事項を踏まえ、事実上、当該親会社等の一事業部門と認められる状況にないこと。

　　b　新規上場申請者の企業グループ又は親会社等の企業グループが、通常の取引の条件（例えば市場の実勢価格をいう。以下同じ。）と著しく異なる条件での取引等、当該親会社等又は当該新規上場申請者の企業グループの不利益となる取引行為を強制又は誘引していないこと。

　　c　新規上場申請者の企業グループの出向者の受入れ状況が、親会社等に過度に依存しておらず、継続的な経営活動を阻害するものでないと認められること。

　上場審査ガイドラインⅡ3.⑴では「新規上場申請者の企業グループが……その関連当事者その他の特定の者との間で、取引行為その他の経営活動を通じて不当に利益を供与又は享受していないと認められること」が求められている。本項目の「関連当事者」とは、財務諸表等規則第8条第17号の関連当事者を指し、「その他の特定の者」とは、関連当事者の範囲に含まれないものの、申請会社の企業グループと人的、資本的な関連を強く有すると考えられる者をいい、「取引行為」とは、営業取引、資金取引、不動産等の賃借取引、産業財産権の使用に関する取引等を指すとされている。

　上場審査ガイドラインⅡ3.⑴aでは、「新規上場申請者の企業グループとその関連当事者その他の特定の者との間に取引が発生している場合において、当該取引が取引を継続する合理性及び取引価格を含めた取引条件の妥当性を有すること」が、同⑴bでは、「新規上場申請者の企業グループの関連当事者その他の特定の者が自己の利益を優先することにより、新規上場申請者の企業グループの利益が不当に損なわれる状況にないこと」が求められている。関連当事者等との取引は、申請会社の企業グループと特別な関係を有する者との取引になるため、申請会社又は相手方にとって取

引を継続する合理性がなく、特別な条件で取引を行っている蓋然性が高い
ことが予想される。このため、申請会社グループに関連当事者等との取引
が存在する場合には、本項目に則って取引の必要性や取引条件の妥当性に
関して審査の中で確認されることとなる。この点、取引条件が妥当であっ
たとしても、取引行為を行う合理性がない場合には、上場審査上は不当な
利益供与とみなすとされている。

　なお、経営者が自ら営業して獲得・企画した案件や、例外的に経営者が
決裁を行っているような案件等、その他の経営者が関与する取引について
は、一般的に社内からの牽制が効きにくく、類型的に不正につながる蓋然
性が高いことから、上場審査の中ではそれらの取引に対する牽制が発揮さ
れる経営体制が構築・運用されているか確認される実務となっている。

① 経営者による不適切な取引等について

　上場審査において、経営者による公私混同や経営者が関与する不適切な取
引が問題となることがある。代表的な例としては、上場前又は上場直後の経
営者による会社資産の私的流用、独断で無謀な取引の実施、実態のない架空
の売上計上などが挙げられる。

　経営者による不適切な取引が発生する原因は会社によって千差万別である
が、社内規程で決められた一定のルールがあるにもかかわらず（ルールがな
いのは問題外）、何らかの理由でルールが機能せず、経営者の独断専行で判
断されているなど意思決定手続きにおける規程と実体との間に乖離が認めら
れ、会社の内部管理体制の形骸化により不適切な取引を未然に防止できなか
った例などが見受けられる。

　上場会社が当然有しているべき経営管理体制として、平時から適時適切に
経営者を牽制することで不適切な取引等が行われないよう未然に防止し、万
が一行われようとしている又は行われたときには、社外取締役及び監査役が
保有する権限を駆使して直ちに是正することが望まれる。このためには、日
常から社内規程と実際の手続きの間に乖離がないか、社内で聖域化して内容
が不明な取引が存在しないか、経営者主導の取引や関連当事者取引について
は通常以上に注視するなど、適切な内部管理体制が構築され、適切に運用さ

れているかについて慎重に確認する必要がある。不明瞭な取引があれば、経営陣を牽制する役割を有する社外取締役及び監査役としては、主体的に経営者含めた関係者に当該取引内容について照会し、都度管理体制の運用状況について確認を行うことが求められる。

② 宣誓書について

自主規制法人が行う上場審査においても、経営者が関与する不適切な取引が行われていないかについては、経営者面談、独立役員面談、監査役面談を通じて、経営者が関与する不正の有無や牽制等の意識、不適切な取引に対するチェック体制の整備・運用状況について慎重に確認を行う実務となっている。また、申請会社は上場審査を受けるに先立ち、新規上場申請に係る宣誓書を提出しなければならないこととされている。申請会社は宣誓書において、以下の内容について宣誓しなければならない。

【宣誓内容】
- 新規上場申請及び上場審査において取引所に提出する書類に関し、必要となる内容を漏れなく記載しており、かつ、記載した内容はすべて真実であります
- 前項その他適用のある取引所の有価証券上場規程その他の規則及びこれらの取扱いに関する規定について、違反事実が判明した場合には、それに関して取引所が行う一切の措置に異議を申し立てません

上記宣誓書の宣誓内容のとおり、申請会社は上場審査を申請するにあたって必要事項を漏れなく記載し、当該記載が真実であることを表明しなければならない。当然ながら経営者による不適切な取引等があれば実態に沿って記載する義務が生じ、虚偽記載または無記載の事実が判明した場合には宣誓書違反となる。宣誓書違反となれば、内容によっては、上場契約違約金の徴求、上場廃止の措置が講じられることにつながり、極めて深刻な事態に陥る可能性があることから、社外取締役及び監査役としても上場審査における宣誓書の存在、違反の効果を含め、上場準備の趣旨の正しい理解や浸透のため、経営者及び社内の関係者に対して啓蒙することが求められる。

上場申請後に自主規制法人に提出した書類の記載内容の変更、書類に追記すべき新たな事項が生じた場合には、申請会社には当該事項の報告及び経過報告が必要であり、上場審査上問題となりうる事象を申請会社が把握した場合には、上場承認後であっても、直ちに自主規制法人に対して報告することが求められている。自主規制法人は、当該報告が漏れなく行われるよう上場承認前に申請会社に対して報告未了事項の有無に関する照会を行っている。申請会社が当該照会に対する回答にあたって事実関係の確認・調査や専門家による評価の確認等を要する場合には、必要な確認等を行ったうえで回答を行い、当該確認に一定の時間を要するときは、確認等の経過について自主規制法人に報告する実務となっている。申請会社が当該報告を怠った場合、新規上場申請に係る宣誓書違反として上記実効性確保措置の対象となる可能性があるため注意が必要である。

　なお、社外取締役及び監査役がこれらの事象を把握した場合には、申請会社経営陣に対し、自主規制法人から宣誓書違反と判断されないよう適時適切な自主規制法人への報告を促すとともに、万が一経営陣による報告が遅滞しているときには、社外取締役及び監査役自らによる自主規制法人への報告が期待される。

③　申請会社の上場適格性に関する情報受付窓口について

　日本取引所グループでは、申請会社に関する不祥事その他の上場適格性に重大な影響を及ぼす事項の情報について、幅広く提供を受けるための受付窓口を設けている。東証に上場申請を行っている会社に関する粉飾決算その他の上場適格性に重大な影響を及ぼす事項についての情報を申請会社の役職員その他の関係者から幅広く提供を受けるための受付窓口である。当該受付窓口に提供された情報は、上場審査において考慮されることとなり、上場審査に必要と判断した範囲内において、関係者に確認が行われる。

　当該受付窓口には、毎年一定数の申請会社に関する情報提供が寄せられており、中には経営者による不適切な取引に関する内容の情報提供も存在する。情報提供がきっかけとなり上場承認に至らない又は承認取消しに至るケースも存在することから、申請会社に関する情報提供は自主規制法人の上

場審査において重要な情報源となっている。

　新規上場を目指している申請会社であれば、基本的に自社に内部通報窓口を設置していると想定されるが、自社の内部通報制度が実質的に機能していないことを理由に上記日本取引所グループの情報提供窓口に情報を寄せる情報提供者も存在する。申請会社には内部監査部門、監査役（会）、独立役員、主幹事証券、監査法人、顧問弁護士その他の関与者が多く存在することから、経営者による不適切な取引等が発生しないための一定の自浄作用が備わっていることが期待されているが、何らかの事情により当該自浄作用が機能しないケースも見受けられる。

　コーポレートガバナンス・コードの補充原則２－５①により、内部通報の窓口として経営陣から独立した立場である社外取締役と監査役による合議体を組成することが例示されているように、社外取締役及び監査役には、自社の内部通報制度が実質的に機能するよう注意を払い、実際に通報を受けた際には徹底的に経営陣及び関係者に確認を行うことが期待されている。

　現代社会においては、個人が情報発信を行うことが容易であり、日本取引所グループの情報提供制度を含め、社内外に多種多様な情報提供窓口が存在することから、経営者による不適切な取引等は必ず明るみに出ることになり、隠蔽は不可能であるといっても過言ではない。社外取締役及び監査役においては、万が一経営者が不適切な取引等を行っている又は行おうとしている場合には、これらの不正は必ず発覚し、重大かつ深刻な結果をもたらすということを改めて経営者に伝達し、直ちに状況を是正することが期待されている。

　上場審査ガイドラインⅡ3.(2)では、「新規上場申請者の役員の相互の親族関係、その構成、勤務実態又は他の会社等の役職員等との兼職の状況が、当該新規上場申請者の役員としての公正、忠実かつ十分な職務の執行又は有効な監査の実施を損なう状況でないと認められること」が求められている。本項目では、申請会社の役員の構成が血縁関係者ばかりで占められることで同族色が濃くなる結果、特定の者（企業）に有利な判断がなされるなど、申請会社の適切な意思決定が阻害されるようなガバナンス体制となっていないかが確認されることとなる。例えば、経営者と同族関係に

ある者の監査役、監査等委員、監査委員への就任は、実効性ある監査が期待しにくいことから原則として避けることが求められる。

　また、申請会社の役員が他の会社等との兼職により、申請会社の職務執行に支障をきたす状況になっていないか、上場会社の役員として求められる機能を果たすことができるかが確認されることとなる。常勤役員については業務執行の機動性が損なわれるような状況がないかも併せて確認される。

　さらに、申請会社役員の兼職先が申請会社の取引先である場合や、申請会社の親会社等の役職員である場合には、当該取引先や親会社等の利益を優先する結果、申請会社の少数株主の利益を害するような業務執行がなされる蓋然性が高くなることから、より慎重に申請会社の経営体制が審査されることとなる。

　上場審査ガイドラインⅡ3.(3)では、「新規上場申請者が親会社等[20]を有している場合には、次のaからcまでに掲げる事項その他の事項から、新規上場申請者の企業グループの経営活動が当該親会社等からの独立性を有する状況にあると認められること」が求められている。これは、企業経営の健全性における審査において、申請会社が親会社等を有している場合には、子会社上場の特別な審査項目として審査がなされるものといえる。

　親会社等が存在する申請会社が上場する場合を「子会社上場」というが、子会社上場においては、親会社等と申請会社の少数株主との間には潜在的な利益相反構造があるといえる。具体的には、親会社等が自身の利益のために申請会社の業務執行について、役員選任権などを通じてコントロールする結果、申請会社の業務執行が親会社等の利益になっても少数株主の利益にならないことがあるというケースが考えられる（例：申請会社が親会社グループとの間で、親会社グループのみにとって利益のある取引等を行うなど）。一般的には上場会社のガバナンスにとって、特定の親会社等が大きな影響力を持つのは望ましくないと考えられており、将来的には親会社等の出資比率を下げる措置や、親会社等の役員兼任を解消する措置

---

[20]　上場審査における「親会社」とは、申請会社の財務諸表等規則第8条第3項に規定する親会社とし、「親会社等」とは、「親会社」、財務諸表等規則第8条第17項第4号に規定するその他の関係会社又はその親会社をいうとされている。

等、その他の申請会社の意思決定を阻害されないようにする措置を取ることが求められることとなる。

　なお、親会社を有する会社の上場については、2007 年 6 月 25 日付で東証から「親会社を有する会社の上場に対する当取引所の考え方について」というタイトルで通知文が出されている[21]。これは、「上場制度総合整備プログラム 2007」において、親会社等を有する上場会社への対応として直ちに実施する事項として東証の考え方を公表するという実施事項に基づき通知されたものである[22]。

　2007 年の通知文では、子会社独自の資金調達力が高まること等を通じて子会社の持続的な成長の実現に寄与する、新たな投資物件が投資者に提供されるなど、国民経済上の意義があるとして子会社上場のメリットを述べつつ、前述の親会社等と子会社の少数株主の潜在的利益相反構造があることを指摘し、「子会社上場は、その国民経済上の意義及び投資者に多様な投資物件を提供するという証券取引所に期待される役割に照らして、一律的に禁止するのは適当ではない反面、投資者をはじめ多くの市場関係者にとっては必ずしも望ましい資本政策とは言い切れない」として、子会社上場を禁止するものではないものの、そのあり方は慎重に検討されるべきことが示唆されている。

【資料 1】

東証上場第 11 号
平成 19 年 6 月 25 日

上場会社代表者 各位

株式会社東京証券取引所
代表取締役社長　斉藤　惇

　　　　親会社を有する会社の上場に対する当取引所の考え方について

21）舩津浩司「有価証券上場規程の具体的検討(6)」資料 1（https://www.jpx.co.jp/corporate/research-study/research-group/nlsgeu000004u256-att/20191122_2.pdf）。

22）東京証券取引所「上場制度総合整備プログラム」（2007 年 4 月 24 日）（https://www.jpx.co.jp/equities/improvements/general/tvdivq0000004iib-att/2007program.pdf）。

拝啓 時下ますますご清栄のこととお慶び申し上げます。

平素は、当取引所の市場運営にご高配を賜り、厚く御礼申し上げます。

当取引所は、平成 19 年 4 月 24 日に当取引所が公表した「上場制度総合整備プログラム 2007」の実行計画に基づき、親会社を有する会社の上場（以下「子会社上場」といいます。）に対する当取引所の考え方を下記のとおりとりまとめましたので、ご通知申し上げます。

敬具

記

子会社上場は、子会社による独自の資金調達力が高まること等を通じて子会社の持続的な成長の実現に寄与する、新たな投資物件が投資者に対して提供されるなど、国民経済上の意義があります。現に、これまでの子会社上場の事例のなかにも、優良な投資物件として投資者から高い評価を受けている会社がいくつもあります。

その一方で、子会社上場には独自の弊害があることが指摘されています。例えば、親会社と子会社の他の株主の間には潜在的な利益相反の関係があると考えられますので、親会社により不利な事業調整や不利な条件による取引等を強いられる、資金需要のある親会社が子会社から調達資金を吸い上げる、上場後短期間で非公開化するなど、子会社の株主の権利や利益を損なう企業行動がとられるおそれが指摘されています。

親会社にとっても、自身の短期的な単体決算対策のための子会社上場や、上場している親会社が企業グループの中核事業を担う子会社を上場させて新規公開に伴う利得を二重に得ようとする事例など、その目的に関して安易であるという批判を受けるケースが見受けられます。また、本格的な連結経営が求められる昨今の経営環境においては、企業グループ内の会社が親会社以外の株主に対して責任を負うこととなる子会社上場は、一体的な連結経営を行ううえでは必ずしも望ましいこととはいえません。

このように、子会社上場は、その国民経済上の意義及び投資者に多様な投資物件を提供するという証券取引所に期待される役割に照らして、一律的に禁止するのは適当ではない反面、投資者をはじめ多くの市場関係者にとっては必ずしも望ましい資本政策とは言い切れないと考えます。

したがいまして、新規に上場を目指す子会社及びその親会社におかれましては、上記のような子会社上場の特性を十分に考慮のうえでその方針を決定していただくとともに、株主の権利や利益への一層の配慮、投資者をはじめとする市場関係者に対する積極的なアカウンタビリティの遂行に努めていただくことが望ましいと考えます。また、親会社を有する上場会社の皆様におかれましても、上記のような子会社上場の特性を十分に考慮のうえ、株主の権利や利益への一層の配慮、投資者をはじめとする市場関係者に対する積極

的なアカウンタビリティの遂行に努めていただくことが望ましいと考えます。

以上

　※　「上場制度総合整備プログラム 2007」の実行計画中、子会社上場の考え方に関連する部分は以下のとおりです。当該プログラムの詳細につきましては、当取引所のホームページ（http://www.tse.or.jp/rules/seibi/2007program.pdf）をご参照ください。

親会社等を有する上場会社への対応（第一次実施事項）
○親会社を有する会社の上場に関する東証の考え方を公表する。
・親会社を有する会社の上場は、上場制度として禁止するのは適切ではない。
・しかしながら、（新規上場時から親会社を有する場合であっても、企業再編等を通じて上場後に親会社を有することになる場合であっても）少数株主との利益相反のおそれなどの内在する弊害や問題点があること、昨今の経営環境においては上場会社には本格的な連結経営が求められていることを踏まえれば、投資者をはじめ多くの市場関係者にとって必ずしも望ましい資本政策とは言い切れない。
・上記の認識を「新規上場の手引き」、「会社情報適時開示ガイドブック」や東証のホームページ等に掲載し、関係者への周知を図る。

　さらに、子会社上場に関連する論点として、「中核的な子会社の子会社上場」がある。中核的な子会社の上場については、2007 年 10 月 29 日付で東証は、株式会社大阪証券取引所、株式会社名古屋証券取引所、証券会員制法人福岡証券取引所、証券会員制法人札幌証券取引所及び株式会社ジャスダック証券取引所と連名で「中核的な子会社の上場に関する証券取引所の考え方について」というタイトルで通知文を出している[23]。当該通知文についても、「親会社を有する会社の上場に対する当取引所の考え方について」の通知文同様、「上場制度総合整備プログラム 2007」において、親会社等を有する上場会社への対応として具体案を検討のうえ実施する事項（第二次実施事項）として他の証券取引所と協調して検討を行うという

23）舩津浩司「有価証券上場規程の具体的検討⑹」資料 2（https://www.jpx.co.jp/corporate/research-study/research-group/nlsgeu000004u256-att/20191122_2.pdf）。

実施事項に基づき策定されたものである。

　資料2に記載のとおり、中核的な子会社の子会社上場は、証券市場において実質的には新しい投資物件であるとはいえず、また、上場している親会社が企業グループの中核事業を担う子会社を上場させて新規公開に伴う利得を二重に得ようとしているものであることから、中核的な子会社の上場については各企業グループ、子会社の事業の特性、事業規模、過去の業績の状況、将来の収益見通し等を総合的に勘案しながら、慎重に判断していくとされている。これらの文言には中核的子会社の上場に対する厳しいスタンスが見て取れる。中核的子会社の上場は極めて例外的な場合でなければ原則として認められないと考えられる。

　資料1及び2に関しては、東証が発刊する新規上場ガイドブックに掲載が継続されていることからも、これらの考え方は現在も変わっていないものと思われる。

【資料2】

東証上審第235号
平成19年10月29日

上場会社代表者 各位

株式会社 東京証券取引所
代表取締役社長　斉藤　惇

中核的な子会社の上場に関する証券取引所の考え方について

　拝啓　貴社ますますご清栄のこととお喜び申し上げます。

　また、平素は証券市場の運営につきまして格別のご高配を賜り、厚くお礼申し上げます。さて、当取引所は、株式会社大阪証券取引所、株式会社名古屋証券取引所、証券会員制法人福岡証券取引所、証券会員制法人札幌証券取引所及び株式会社ジャスダック証券取引所と、別紙のとおり、中核的な子会社の上場に関して考え方を共有することといたしましたので、上場会社代表者へご通知いたします。新規に上場を目指す子会社及びその親会社におかれましては、別紙に記載されております観点を十分に考慮のうえでその方針を決定していただくようよろしくお願い申し上げます。

敬具

上場会社代表者　各位

　　　　　　　　　　　　　　　株式会社東京証券取引所
　　　　　　　　　　　　　　　株式会社大阪証券取引所
　　　　　　　　　　　　　　　株式会社名古屋証券取引所
　　　　　　　　　　　　　　　証券会員制法人福岡証券取引所
　　　　　　　　　　　　　　　証券会員制法人札幌証券取引所
　　　　　　　　　　　　　　　株式会社ジャスダック証券取引所

　　　　中核的な子会社の上場に関する証券取引所の考え方について

　株式会社東京証券取引所、株式会社大阪証券取引所、株式会社名古屋証券取引所、証券会員制法人福岡証券取引所、証券会員制法人札幌証券取引所及び株式会社ジャスダック証券取引所は中核的な子会社の上場に関して考え方を共有することといたしました。

　昨今、親会社と実質的に一体の子会社、若しくは中核的な子会社（親会社グループの企業価値の相当部分を占めるような子会社）の上場意向が散見されております。

　このような中核的な子会社の子会社上場は、証券市場において実質的には新しい投資物件であるとは言えず、また、上場している親会社が企業グループの中核事業を担う子会社を上場させて新規公開に伴う利得を二重に得ようとしているものではないかと考えます。

　このような状況から、例えば、事業ドメイン（事業目的・内容・地域等）が極めて類似している子会社や、親会社グループのビジネスモデルにおいて、非常に重要な役割を果たしている子会社、親会社グループの収益、経営資源の概ね半分を超える子会社などのいわゆる中核的な子会社の上場については各企業グループ、子会社の事業の特性、事業規模、過去の業績の状況、将来の収益見通し等を総合的に勘案しながら、慎重に判断していくことといたします。

　また、こういった子会社上場は、親会社と子会社の上場する証券取引所が異なるケースも想定されることから、各証券取引所が上記のような考え方を共有した上で、対応していくことが望ましいと考えられます。よって、各証券取引所間が必要に応じて情報交換を行い、各証券取引所の自主性を損なう

ことのない範囲で協調することといたします。

　したがいまして、新規に上場を目指す子会社及びその親会社におかれましては、上記のような観点を十分に考慮のうえでその方針を決定していただくようよろしくお願い申し上げます。

以上

　以下、子会社上場の特別な審査項目である上場審査ガイドラインⅡ3.(3)aからcに関して簡単に紹介する。

　上場審査ガイドラインⅡ3.(3)aでは、「新規上場申請者の企業グループの事業内容と親会社等の企業グループの事業内容の関連性、親会社等の企業グループからの事業調整の状況及びその可能性その他の事項を踏まえ、事実上、当該親会社等の一事業部門と認められる状況にないこと」が求められている。ここでは、申請会社が親会社等の一事業部門である場合には、外形的には申請会社は自ら事業活動上の意思決定を行うのではなく、親会社等の方針に従って事業活動を行っているものと評価されうる。このような場合、本来申請会社、ひいては申請会社の株主に帰属するはずの利益が親会社等に帰属する結果、申請会社の株主の利益が不当に害される蓋然性が類型的に高くなるといえる。このため、上場審査においては、親会社等の一事業部門にすぎないと評価されうる申請会社の上場は投資対象物件としてふさわしくないと考えられている。

　上場審査ガイドラインⅡ3.(3)bでは、「新規上場申請者の企業グループ又は親会社等の企業グループが、通常の取引の条件と著しく異なる条件での取引等、当該親会社等又は当該新規上場申請者の企業グループの不利益となる取引行為を強制又は誘引していないこと」が求められている。ここでは、申請会社と親会社等との取引が、申請会社の他の第三者との取引条件、過去の取引条件及び一般的な取引条件等と比較して親会社等又は申請会社グループの不利益となる取引が強制、誘引されていないかが確認されることとなる。

　上場審査ガイドラインⅡ3.(3)cでは、「新規上場申請者の企業グループの出向者の受入れ状況が、親会社等に過度に依存しておらず、継続的な経

営活動を阻害するものでないと認められること」が求められている。ここでは、申請会社グループの従業員が親会社等からの出向等によりカバーされている結果、申請会社グループの事業活動上の意思決定の独立性が損なわれていないかが確認されることとなる。例えば、申請会社における役員や部門長など、重要なポストが親会社等からの出向者で占められている場合、申請会社の事業活動における親会社等からの影響力は通常大きいことから、原則として申請会社の継続的な経営活動を阻害しているものと評価されることとなる。

　ウ　企業のコーポレート・ガバナンス及び内部管理体制の有効性

　企業のコーポレート・ガバナンス及び内部管理体制の有効性に関しては、以下のとおり上場審査ガイドラインⅡ4．で規定されている。本項目では、上場会社となった後も組織的に継続して事業活動を遂行することが可能な体制となっているか、申請会社のコーポレート・ガバナンス及び内部管理体制の有効性が確認されることとなる。

○上場審査等に関するガイドライン　Ⅱ　株券等の新規上場審査〔本則市場〕
（企業のコーポレート・ガバナンス及び内部管理体制の有効性）

4．規程第207条第1項第3号に定める事項についての上場審査は、次の(1)から(5)までに掲げる観点その他の観点から検討することにより行う。

　(1)　新規上場申請者の企業グループの役員の適正な職務の執行を確保するための体制が、次のa及びbに掲げる事項その他の事項から、適切に整備、運用されている状況にあると認められること。

　　a　新規上場申請者の企業グループの役員の職務の執行に対する有効な牽制及び監査が実施できる機関設計及び役員構成であること。この場合における上場審査は、規程第436条の2から第439条までの規定に定める事項の遵守状況を勘案して行うものとする。

　　b　新規上場申請者の企業グループにおいて、企業の継続及び効率的な経営の為に役員の職務の執行に対する牽制及び監査が実施され、有効に機能していること。

　(2)　新規上場申請者及びその企業グループが経営活動を有効に行うため、

その内部管理体制が、次のa及びbに掲げる事項その他の事項から、適切に整備、運用されている状況にあると認められること。

 a 新規上場申請者の企業グループの経営活動の効率性及び内部牽制機能を確保するに当たって必要な経営管理組織（社内諸規則を含む。以下同じ。）が、適切に整備、運用されている状況にあること。

 b 新規上場申請者の企業グループの内部監査体制が、適切に整備、運用されている状況にあること。

(3) 新規上場申請者の企業グループの経営活動の安定かつ継続的な遂行及び適切な内部管理体制の維持のために必要な人員が確保されている状況にあると認められること。

(4) 新規上場申請者の企業グループがその実態に即した会計処理基準を採用し、かつ、必要な会計組織が、適切に整備、運用されている状況にあると認められること。

(5) 新規上場申請者の企業グループにおいて、その経営活動その他の事項に関する法令等を遵守するための有効な体制が、適切に整備、運用され、また、最近において重大な法令違反を犯しておらず、今後においても重大な法令違反となるおそれのある行為を行っていない状況にあると認められること。

上場審査ガイドラインⅡ4.(1)では「新規上場申請者の企業グループの役員の適正な職務の執行を確保するための体制が、次のa及びbに掲げる事項その他の事項から、適切に整備、運用されている状況にあると認められること」が求められている。具体的には、「新規上場申請者の企業グループの役員の職務の執行に対する有効な牽制及び監査が実施できる機関設計及び役員構成であること」(4.(1)a)に関しては、上場規程第436の2から第439条の遵守状況を勘案して審査が行われるものとされている。

〇有価証券上場規程
第436条の2（独立役員の確保）
 上場内国株券の発行者は、一般株主保護のため、独立役員（一般株主と利

益相反が生じるおそれのない社外取締役（会社法第2条第15号に規定する社外取締役であって、会社法施行規則（平成18年法務省令第12号）第2条第3項第5号に規定する社外役員に該当する者をいう。）又は社外監査役（会社法第2条第16号に規定する社外監査役であって、会社法施行規則第2条第3項第5号に規定する社外役員に該当する者をいう。）をいう。以下同じ。）を1名以上確保しなければならない。

2　独立役員の確保に関し、必要な事項については、施行規則で定める。

3　第1項の規定にかかわらず、JASDAQ の上場内国会社のうち、内訳区分がグロースである会社（以下「グロース上場内国会社」という。）は、上場後最初に終了する事業年度に係る定時株主総会の日までに独立役員を1名以上確保するものとする。

第436条の3（コーポレートガバナンス・コードを実施するか、実施しない場合の理由の説明）

　上場内国株券の発行者は、別添「コーポレートガバナンス・コード」の各原則を実施するか、実施しない場合にはその理由を第419条に規定する報告書において説明するものとする。この場合において、「実施するか、実施しない場合にはその理由を説明する」ことが必要となる各原則の範囲については、次の各号に掲げる上場会社の区分に従い、当該各号に定めるところによる。

　(1)　本則市場及び JASDAQ の上場会社

　　　基本原則・原則・補充原則

　(2)　マザーズの上場会社

　　　基本原則

第437条（上場内国会社の機関）

　上場内国株券の発行者は、次の各号に掲げる機関を置くものとする。

　(1)　取締役会

　(2)　監査役会、監査等委員会又は指名委員会等（会社法第2条第12号に規定する指名委員会等をいう。）

　(3)　会計監査人

2　前項の規定にかかわらず、グロース上場内国会社は、上場日から1年を経過した日以後最初に終了する事業年度に係る定時株主総会の日までに同項

各号に掲げる機関を置くものとする。

第 437 条の 2 （社外取締役の確保）
　上場内国株券の発行者は、社外取締役（会社法第 2 条第 15 号に規定する社外取締役をいう。）を 1 名以上確保しなければならない。

第 438 条 （公認会計士等）
　上場内国株券の発行者は、当該発行者の会計監査人を、有価証券報告書又は四半期報告書に記載される財務諸表等又は四半期財務諸表等の監査証明等を行う公認会計士等として選任するものとする。
2　前項の規定にかかわらず、グロース上場内国会社は、上場日から起算して 1 年を経過する日以後最初に終了する事業年度に係る定時株主総会の日までに当該グロース上場内国会社の会計監査人を同項の公認会計士等として選任するものとする。

第 439 条 （業務の適正を確保するために必要な体制整備）
　上場内国会社は、当該上場内国会社の取締役、執行役又は理事の職務の執行が法令及び定款に適合することを確保するための体制その他上場内国会社の業務並びに当該上場内国会社及びその子会社から成る企業集団の業務の適正を確保するために必要な体制の整備（会社法第 362 条第 4 項第 6 号、同法第 399 条の 13 第 1 項第 1 号ハ若しくは同法第 416 条第 1 項第 1 号ホに規定する体制の整備又はこれらに相当する体制の整備をいう。）を決定するとともに、当該体制を適切に構築し運用するものとする。
2　前項の規定にかかわらず、グロース上場内国会社は、上場日から起算して 1 年を経過する日以後最初に終了する事業年度に係る定時株主総会の日までに同項に定める体制の整備を決定し、当該体制を適切に構築及び運用するものとする。

　申請会社は上場審査においてこれらの遵守状況ともに、上場後に上場会社として公衆縦覧に供する「コーポレート・ガバナンスに関する報告書」のドラフトを東証に提出することとなっており（上場規程第 204 条第 12 項第 1 号、上場施行規則第 211 条第 4 項）、当該記載内容についても併せて審

査されることとなる。

　「新規上場申請者の企業グループにおいて、企業の継続及び効率的な経営の為に役員の職務の執行に対する牽制及び監査が実施され、有効に機能していること」（同b）と規定されており、同aでは構築面が確認されるのに対して、ここでは運用面が確認されることとなる。構築だけの外形的な制度設計に留まるのではなく、実体として監査役（監査等委員、監査委員含む）、社外取締役、独立役員が経営陣に対して適時適切な牽制及び監査を行っているかが確認されることとなる。

　申請会社は上場会社として適切なガバナンス体制、内部管理体制を構築・維持することが求められることとなる。上場会社は、コーポレートガバナンス・コードの各原則を実施するか（Comply）、しない場合の理由を説明すること（explain）が規定されており、本則市場及びJASDAQの上場会社は、基本原則・原則・補充原則の全てについてcomply or explainの対象となっているが、マザーズ市場の上場会社は、基本原則のみがcomply or explainの対象となっており、原則・補充原則は参照という位置付けになっている（上場規程第436条の3）。コーポレートガバナンス・コードについては第4章4で後述する。

　上場審査ガイドラインⅡ4.(2)では「新規上場申請者及びその企業グループが経営活動を有効に行うため、その内部管理体制が、次のa及びbに掲げる事項その他の事項から、適切に整備、運用されている状況にあると認められること」が求められている。(1)が機関設計、役員の体制に関する審査項目であったのに対し、(2)では内部管理体制が審査対象となっており、適切な内部管理体制の整備、運用により、申請会社の事故、不正、誤謬等の不測の損害をある程度未然に防止することができる状況にあるかが確認されるものである。

　具体的には、「新規上場申請者の企業グループの経営活動の効率性及び内部牽制機能を確保するに当たって必要な経営管理組織が、適切に整備、運用されている状況にあること」（同a）に関しては、経営管理組織、社内諸規則の整備、予算統制などの管理組織の十分性について確認されることとなる。「新規上場申請者の企業グループの内部監査体制が、適切に整

備、運用されている状況にあること」（同ｂ）に関しては、内部監査が形骸化せず、公正かつ独立した立場から実施可能な体制が構築され、適切に機能しているかが確認されることとなる。内部監査は、監査役監査、会計監査役監査と並ぶ三様監査のうちの１つとして申請会社の不測の損害を防止するために重要な機能と考えられる。

　上場審査ガイドラインⅡ4.(3)では「新規上場申請者の企業グループの経営活動の安定かつ継続的な遂行及び適切な内部管理体制の維持のために必要な人員が確保されている状況にあると認められること」が求められている。ここでは、申請会社の事業活動が安定かつ継続的に遂行されるよう適切な人材を確保することができているかという観点から、退職者の状況（要因含む）、新規採用予定等について確認されることとなる。

　上場審査ガイドラインⅡ4.(4)では「新規上場申請者の企業グループがその実態に即した会計処理基準を採用し、かつ、必要な会計組織が、適切に整備、運用されている状況にあると認められること」が求められている。ここでは、開示資料の作成の前提となる経理処理などの実務を適切に行うことができるか、必要な会計組織が適切に整備運用されているかが確認されることになる。具体的には、申請会社の経理規程に沿って実務が運用されているかどうか、申請会社に実際に赴いて帳簿等のサンプルに基づいて確認され、併せて、申請会社の会計監査人の見解も参考にされることとなる。申請会社が採用している会計処理基準が、申請会社の実態に即したものとなっていないか、その運用が恣意的で結果として実態に合っていない財務諸表が作成されることになっていないかなどの観点から確認が行われる。

　上場審査ガイドラインⅡ4.(5)では「新規上場申請者の企業グループにおいて、その経営活動その他の事項に関する法令等を遵守するための有効な体制が、適切に整備、運用され、また、最近において重大な法令違反を犯しておらず、今後においても重大な法令違反となるおそれのある行為を行っていない状況にあると認められること」が求められている。ここでは、申請会社の法令遵守体制が適切に整備、運用されているかが確認される。例えば、法改正や業界のガイドラインなどの情報収集方法、専門家の

用い方など、申請会社の事業活動に即した形で法令遵守のための体制整備、運用がなされているかが確認されることとなる[24]。

エ　企業内容等の開示の適正性

企業内容等の開示の適正性に関しては、以下のとおり上場審査ガイドラインⅡ5.で規定されている。本項目では、申請会社が上場後に、投資者の投資判断に重要な影響を与える会社情報を適時適切に開示できるかという点と、内部者取引等の未然防止の観点から会社情報の公表までの情報管理が適切に行われる体制が構築、運用できているかが確認されることとなる。

〇上場審査等に関するガイドライン　Ⅱ　株券等の新規上場審査〔本則市場〕
（企業内容等の開示の適正性）

5．規程第207条第1項第4号に定める事項についての上場審査は、次の(1)から(5)までに掲げる観点その他の観点から検討することにより行う。

(1)　新規上場申請者の企業グループが、経営に重大な影響を与える事実等の会社情報を適正に管理し、投資者に対して適時、適切に開示することができる状況にあると認められること。また、内部者取引等の未然防止に向けた体制が、適切に整備、運用されている状況にあると認められること。

(2)　新規上場申請書類のうち企業内容の開示に係るものについて、法令等に準じて作成されており、かつ、次のa及びbに掲げる事項その他の事項が適切に記載されていると認められること。

　　a　新規上場申請者及びその企業グループの財政状態及び経営成績、役員・大株主・関係会社等に関する重要事項等の投資者の投資判断に重要な影響を及ぼす可能性のある事項

　　b　新規上場申請者の企業グループの主要な事業活動の前提となる事項に係る次の(a)から(d)までに掲げる事項

　　　(a)　新規上場申請者の企業グループの主要な事業活動の前提となる事

項の内容

　⒝　許認可等の有効期間その他の期限が法令又は契約等により定められている場合には、当該期限

　⒞　許認可等の取消し、解約その他の事由が法令又は契約等により定められている場合には、当該事由

　⒟　新規上場申請者の企業グループの主要な事業活動の前提となる事項について、その継続に支障を来す要因が発生していない旨及び当該要因が発生した場合に事業活動に重大な影響を及ぼす旨

⑶　新規上場申請者の企業グループが、その関連当事者その他の特定の者との間の取引行為又は株式の所有割合の調整等により、新規上場申請者の企業グループの実態の開示を歪めていないこと。

⑷　新規上場申請者が親会社等を有している場合（上場後最初に終了する事業年度の末日までに親会社等を有しないこととなる見込みがある場合を除く。）には、当該親会社等の開示が有効であるものとして、次のa又はbのいずれかに該当すること。

　a　新規上場申請者の親会社等（親会社等が複数ある場合には、新規上場申請者に与える影響が最も大きいと認められる会社をいうものとし、その影響が同等であると認められるときは、いずれか一つの会社をいう。以下このa及びbにおいて同じ。）が発行する株券等が国内の金融商品取引所に上場されていること（当該親会社等が発行する株券等が外国金融商品取引所等において上場又は継続的に取引されており、かつ、当該親会社等又は当該外国金融商品取引所等が所在する国における企業内容の開示の状況が著しく投資者保護に欠けると認められない場合を含む。）。

　b　新規上場申請者が、その経営に重大な影響を与える親会社等（前aに適合する親会社等を除く。）に関する事実等の会社情報を適切に把握することができる状況にあり、新規上場申請者が、当該会社情報のうち新規上場申請者の経営に重大な影響を与えるものを投資者に対して適切に開示することに当該親会社等が同意することについて書面により確約すること。

⑸　新規上場申請者が外国会社である場合には、新規上場申請者が採用する会計制度が投資者保護の観点から適当と認められること。

上場審査ガイドラインⅡ5.(1)では「新規上場申請者の企業グループが、経営に重大な影響を与える事実等の会社情報を適正に管理し、投資者に対して適時、適切に開示することができる状況にあると認められること。また、内部者取引等の未然防止に向けた体制が、適切に整備、運用されている状況にあると認められること」が求められている。ここでは、適時開示のための体制（資料作成の前提となる予算、実績管理が適切になされているか、適時開示を行うための資料作成、開示実務が適切かどうか）が確認されることとなる。また、内部者取引等の未然防止の観点からは、申請会社が内部情報の管理や内部者取引等の防止に関する規定を有しているか、その内容が法令に照らして適切なものとなっているか、役員・従業員等の会社関係者に対する内部者取引等の防止のための研修を適切に実施、又は実施予定であるか、上場後においてもそれらが継続的に実施される見込みかどうか、役員及び管理部門の責任者等が内部者取引規制の意義や内容を十分に理解しているかといった点などについて確認されることとなる。併せて、フェア・ディスクロージャー・ルールを踏まえた体制整備となっているかも本審査項目において確認されることとなる。

　なお、ここでいう「内部者取引」とは、金商法第166条及び第167条の規定により禁止される取引をいい（上場規程第2条第79号の2）、「内部者取引等」とは、内部者取引及び法第167条の2の規定により禁止される行為をいうとされる（上場規程第2条第79号の3）。

　上場審査ガイドラインⅡ5.(2)では「新規上場申請書類のうち企業内容の開示に係るものについて、法令等に準じて作成されており、かつ、次の……事項が適切に記載されていると認められること」が求められている。ここでは、申請会社が開示資料等を法令等に照らして適正に作成しているかどうか、その開示資料等が誤解を生じさせるような記載となっていないかが確認される。具体的には、上場審査ガイドラインⅡ5.(2)a、bで定める内容が「新規上場申請のための有価証券報告書（Ⅰの部）」に適切に記載されているか確認されることとなる。

　上場審査ガイドラインⅡ5.(3)では「新規上場申請者の企業グループが、その関連当事者その他の特定の者との間の取引行為又は株式の所有割合の

調整等により、新規上場申請者の企業グループの実態の開示を歪めていないこと」が求められている。ここでは、申請会社の会社情報を意図的に歪めるような取引行為や傘下の会社への出資調整が行われていないかの確認が実施される。具体的には、申請会社の各種取引に関して不自然な取引が認められる場合や、財務諸表上の勘定科目に不自然な推移が認められる場合等において、その詳細を更に確認し、会社情報の開示が実態と乖離していないかが確かめられることとなる。出資調整に関しては、申請会社が出資する会社がある場合において、申請会社の企業グループの出資が100％となっていないときは、その出資の経緯及び100％となっていない理由が確認されることとなっている。申請会社以外の者が出資者にいる場合において、当該出資の理由が明確でなく、申請会社グループの連結から外すことを目的とした株主構成になっている場合などの事実が認められたときは、申請会社の企業グループの状況が適切に開示されるようグループの出資構成の改善が審査において求められることがあるとされている。

　上場審査ガイドラインⅡ5.(4)では「新規上場申請者が親会社等を有している場合には、当該親会社等の開示が有効であるものとして」、当該親会社等が上場していることで親会社情報が開示されているか、申請会社が、その経営に重大な影響を与える親会社等に関する事実等の会社情報を適切に把握でき、申請会社が、当該親会社等の情報のうち新規上場申請者の経営に重大な影響を与えるものを投資者に対して適切に開示することに当該親会社等が同意することについて書面により確約することが求められている。申請会社に親会社等が存在する場合において、親会社等の情報が申請会社に対する投資判断に影響を与えうることは明らかであり、申請会社が上場会社になるにあたっては当該親会社等の会社情報も適時適切に開示がなされる体制になっているかが確認されるものである。

　オ　公益又は投資者保護の観点

　公益又は投資者保護の観点に関しては、以下のとおり上場審査ガイドラインⅡ6.で規定されている。

（公益又は投資者保護の観点）

6．規程第207条第1項第5号に定める事項についての上場審査は、次の⑴から⑹までに掲げる観点その他の観点から検討することにより行う。

⑴　株主又は外国株預託証券等の所有者の権利内容及びその行使の状況が、次のa及びbに掲げる事項その他の事項から、公益又は投資者保護の観点で適当と認められること。

　　a　株主又は外国株預託証券等の所有者の権利内容及びその行使が不当に制限されていないこと。

　　b　新規上場申請者が買収防衛策を導入している場合には、規程第440条各号に掲げる事項を遵守していること。

⑵　新規上場申請者の企業グループが、経営活動や業績に重大な影響を与える係争等又は紛争等を抱えていないこと。

⑶　新規上場申請者の企業グループが反社会的勢力による経営活動への関与を防止するための社内体制を整備し、当該関与の防止に努めていること及びその実態が公益又は投資者保護の観点から適当と認められること。

⑷　新規上場申請に係る内国株券等が、無議決権株式（当該内国株券等以外に新規上場申請を行う銘柄がない場合に限る。）又は議決権の少ない株式（規程第205条第9号の2bに掲げるものをいう。以下同じ。）である場合は、次のaからhまでのいずれにも適合すること。

　　a　議決権の多い株式等（無議決権株式を発行している場合の議決権付株式及び議決権の多い株式（議決権の少ない株式以外の議決権付株式をいう。以下同じ。）をいう。以下同じ。）により特定の者が経営に関与し続けることができる状況を確保すること等が、株主共同の利益の観点から必要であると認められ、かつ、そのスキームが当該必要性に照らして議決権の多い株式等の株主を不当に利するものではなく相当なものであると認められること。この場合において、相当なものであるか否かの認定は、次の⒜から⒞までに掲げる事項その他の事項を当該必要性に照らして確認することにより行うものとする。

　　　⒜　当該必要性が消滅した場合に無議決権株式又は議決権の少ない株式のスキームを解消できる見込みのあること。

(b)　極めて小さい出資割合で会社を支配する状況が生じた場合に無議
　　　決権株式又は議決権の少ない株式のスキームが解消される旨が定款等
　　　に適切に定められていること。
　　(c)　当該新規上場申請に係る内国株券等が議決権の少ない株式である
　　　場合には、議決権の多い株式について、原則として、その譲渡等が行
　　　われるときに議決権の少ない株式に転換される旨が定款等に適切に定
　　　められていること。
　b　議決権の多い株式等を利用する主要な目的が、新規上場申請者の取
　　締役等の地位を保全すること又は買収防衛策とすることでないと認めら
　　れること。
　c　議決権の多い株式等の利用の目的、必要性及びそのスキームが、新
　　規上場申請書類のうち企業内容の開示に係るものにおいて適切に記載
　　されていると認められること。
　d　議決権の多い株式等の株主が新規上場申請者の取締役等でない場合
　　には、次の(a)及び(b)に適合すること。
　　(a)　議決権の多い株式等の株主の議決権行使の目的や方針が、当該必
　　　要性に照らして明らかに不適切なものでないと認められ、かつ、新規
　　　上場申請書類のうち企業内容の開示に係るものにおいて適切に記載さ
　　　れていること。
　　(b)　新規上場申請者の企業グループが、議決権の多い株式等の株主
　　　（新規上場申請者の親会社等である場合に限る。）の企業グループとの
　　　間に、原則として、事業内容の関連性、人的関係及び取引関係がない
　　　こと。
　e　異なる種類の株主の間で利害が対立する状況が生じた場合に当該新
　　規上場申請に係る内国株券等の株主が不当に害されないための保護の方
　　策をとることができる状況にあると認められること。
　f　当該新規上場申請に係る内国株券等の発行者が次の(a)から(c)までに
　　掲げる者との取引（同(a)から(c)までに掲げる者が第三者のために当該発
　　行者との間で行う取引及び当該発行者と第三者との間の取引で同(a)から
　　(c)までに掲げる者が当該取引に関して当該発行者に重要な影響を及ぼし
　　ているものを含む。）を行う際に、少数株主の保護の方策をとることがで
　　きる見込みがあると認められること。

(a)　親会社

　　(b)　支配株主（親会社を除く。）及びその近親者

　　(c)　前(b)に掲げる者が議決権の過半数を自己の計算において所有している会社等及び当該会社等の子会社

　g　当該新規上場申請に係る内国株券等が剰余金配当に関して優先的内容を有している場合には、原則として、上場申請日の直前事業年度の末日後2年間の予想利益及び上場申請日の直前事業年度の末日における分配可能額が良好であると認められ、当該内国株券等の発行者が当該内国株券等に係る剰余金配当を行うに足りる利益を計上する見込みがあること。

　h　その他株主及び投資者の利益を侵害するおそれが大きいと認められる状況にないこと。

⑸　新規上場申請に係る内国株券等が、無議決権株式である場合（当該内国株券等以外に新規上場申請を行う銘柄がある場合に限る。）は、次のaからeまでのいずれにも適合すること。

　a　極めて小さい出資割合で会社を支配する状況が生じた場合に無議決権株式のスキームが解消される旨が定款等に適切に定められていること。

　b　異なる種類の株主の間で利害が対立する状況が生じた場合に当該新規上場申請に係る内国株券等の株主が不当に害されないための保護の方策をとることができる状況にあると認められること。

　c　当該新規上場申請に係る内国株券等の発行者が次の(a)から(c)までに掲げる者との取引（同(a)から(c)までに掲げる者が第三者のために当該発行者との間で行う取引及び当該発行者と第三者との間の取引で同(a)から(c)までに掲げる者が当該取引に関して当該発行者に重要な影響を及ぼしているものを含む。）を行う際に、少数株主の保護の方策をとることができる見込みがあると認められること。

　　(a)　親会社

　　(b)　支配株主（親会社を除く。）及びその近親者

　　(c)　前(b)に掲げる者が議決権の過半数を自己の計算において所有している会社等及び当該会社等の子会社

　d　当該新規上場申請に係る内国株券等が剰余金配当に関して優先的内容を有している場合には、原則として、上場申請日の直前事業年度の末日後

2年間の予想利益及び上場申請日の直前事業年度の末日における分配可能
額が良好であると認められ、当該内国株券等の発行者が当該内国株券等に
係る剰余金配当を行うに足りる利益を計上する見込みがあること。
　　e　その他株主及び投資者の利益を侵害するおそれが大きいと認められ
　る状況にないこと。
　(6)　その他公益又は投資者保護の観点から適当と認められること。

　　上場審査ガイドラインⅡ6.(1)では「株主又は外国株預託証券等の所有
者の権利内容及びその行使の状況が、次のa及びbに掲げる事項その他の
事項から、公益又は投資者保護の観点で適当と認められること」が求めら
れており、株主の権利内容及びその行使が不当に制限されていないこと、
申請会社が買収防衛策を導入している場合には、規程第440条各号に掲げ
る事項を遵守していることが確認されることとなる。申請会社が種類株式
を発行している場合には、普通株主の権利内容や権利行使を著しく制約す
ることも考えられることから、種類株式が導入されている場合は慎重に審
査が行われるとされている。

○有価証券上場規程
第440条（買収防衛策の導入に係る遵守事項）
　上場会社は、買収防衛策を導入（買収防衛策としての新株又は新株予約権
の発行決議を行う等買収防衛策の具体的内容を決定することをいう。）する場
合は、次の各号に掲げる事項を遵守するものとする。
　(1)　開示の十分性
　買収防衛策に関して必要かつ十分な適時開示を行うこと。
　(2)　透明性
　買収防衛策の発動（買収防衛策の内容を実行することにより、買収の実現
を困難にすることをいう。以下同じ。）及び廃止（買収防衛策として発行され
た新株又は新株予約権を消却する等導入された買収防衛策を取り止めること
をいう。）の条件が経営者の恣意的な判断に依存するものでないこと。
　(3)　流通市場への影響

> 株式の価格形成を著しく不安定にする要因その他投資者に不測の損害を与える要因を含む買収防衛策でないこと。
> ⑷　株主の権利の尊重
> 株主の権利内容及びその行使に配慮した内容の買収防衛策であること。

　上場審査ガイドラインⅡ6.⑵では「新規上場申請者の企業グループが、経営活動や業績に重大な影響を与える係争又は紛争等を抱えていないこと」が求められている。例えば、上場後に訴訟等で巨額の賠償金を負い、その結果債務超過になった場合、投資者に不測の損害を与えることとなる。このため、そのような重大な影響を与える係争案件を抱えている会社は、投資対象物件としてふさわしくないことから、審査において慎重に確認されるものである。

　上場審査ガイドラインⅡ6.⑶では「新規上場申請者の企業グループが反社会的勢力による経営活動への関与を防止するための社内体制を整備し、当該関与の防止に努めていること及びその実態が公益又は投資者保護の観点から適当と認められること」が求められている。ここでは、暴力団、暴力団員又はこれらに準ずる者などの反社会的勢力が申請会社の企業グループの経営活動に関与していないか確認されることとなる。反社会的勢力との関与の確認に関しては、上場申請時に提出を要する申請会社作成の「反社会的勢力との関係がないことを示す確認書」等に基づいて確認されることとなる（上場規程第204条第2項、上場施行規則第204条第1項第6号）。

　申請会社としては、これらの反社会的勢力の経営活動への関与を防止するために自社の状況を定期的に把握し、また、新たな関係を構築する場合には適切な確認を行うとともに、問題発生時の対処方法を明確とするなど、反社会的勢力を排除するために必要な体制を構築し、運用する必要がある。体制整備にあたっては、「企業が反社会的勢力による被害を防止するための指針」[25]等を踏まえて検討することが申請会社に要請されてい

25）総務省「企業が反社会的勢力による被害を防止するための指針について」（2007年6月19日犯罪対策閣僚会議幹事会申合せ）（https://www.moj.go.jp/keiji1/keiji_keiji42.html）。

る。近年では、暴力団等と密接な関係を有しその活動に協力している者などを介在させ、申請会社の企業グループへの関与を図る反社会的勢力が存在すると言われていることから、こうした懸念がある者が申請会社グループに関与している場合も慎重に確認が行われるとされている。

　上場審査ガイドラインⅡ6.(4)では「新規上場申請に係る内国株券等が、無議決権株式又は議決権の少ない株式[26]である場合……ａからｈまでのいずれにも適合すること」が求められている。前述の(2)⑩ｃの「無議決権株式」で述べたとおり、議決権種類株式はコーポレート・ガバナンスに歪みをもたらす可能性があることから、申請会社が種類株式を発行していることは申請会社の上場後の株主にとって必ずしも望ましいものではなく、議決権種類株式の上場審査は慎重になされることとなっている。議決権種類株式の上場審査は、現在も検討が重ねられているところであり、「個々の事例の積み上げを踏まえつつ、事例ごとに慎重に判断を行っていく」[27]とし、わかりやすさの観点から、同一の会社が複数種類の議決権がある株式を上場させることは当面認めないとしつつ、普通株式と無議決権株式の同時上場は可能とされている（上場審査ガイドラインⅡ6.(5)）。

　本号では、概要、議決権種類株式を存続させることが、株主共同の利益の観点から必要であり、かつ、当該必要性に照らして一部の株主を不当に利するものではなく相当なものであると認められることが求められている。相当性の判断は、議決権種類株式の解消の見込み、解消方法や普通株式への転換等が定款に適切に策定されているかどうかをもって判断されると規定されている。その他、本号記載の事項に基づき、議決権種類株式の上場が検討されることとなるが、現時点では当該スキームをとる必要性及び相当性が認められるのは極めて特殊なケースに限られるものと予想される。現状、東証は議決権種類株式の上場に関しては、議決権の多い株式等

---

26) 複数の種類の議決権付株式を発行している会社において、取締役の選解任その他の重要な事項について株主総会において一個の議決権を行使することができる数の株式に係る剰余金の配当請求権その他の経済的利益を受ける権利の価額等が他のいずれの種類の議決権付株式よりも高い種類の議決権付株式をいう（上場規程第205条第9号の２ｂ）。
27) 新規上場ガイドブック（市場第一部編）84頁。

を技術の発明者等であって創業者である経営者が保有するケースを想定し、その他の場合の必要性を一律否定するものではないとしているが、今後の議決権種類株式の上場の事例の蓄積が待たれるところである。

上場審査ガイドラインⅡ 6.(5)では「新規上場申請に係る内国株券等が、無議決権株式である場合は、次のａからｅまでのいずれにも適合すること」が求められている。ここでは、当該無議決権株式以外に新規上場申請を行う銘柄がある場合に限定して無議決権株式の上場が認められることとされており、概要、極めて小さい出資割合で会社を支配する状況が生じた場合に無議決権株式のスキームが解消される旨が定款等に規定されていること、異なる種類の株主の間で利害対立が生じた場合に上場株式の株主が不当に害されないための保護の方策がとられていること、申請会社が親会社、支配株主[28]及びその近親者（これらが議決権の過半数を有している会社を含む）と取引を行うに際して少数株主の保護の方策が適切に策定されていること、当該無議決権株式に対する剰余金配当が優先的内容を有している場合に剰余金配当を行うに足りる利益を計上する見込みがあること、その他株主及び投資者の利益を侵害するおそれが大きいと認められる状況にないことが確認されることになっている。

上場審査ガイドラインⅡ 6.(6)では「その他公益又は投資者保護の観点から適当と認められること」が求められている。ここでは、申請会社の事業目的や事業内容が公序良俗に反する場合、又は法律等に違反する場合は、投資対象物件として投資者に提供することは不適当であることに基づき、その他公益又は投資者保護の観点から問題がないか確認されることとなる。当該項目は他の審査項目にはまらない問題点がある場合にバスケット的に用いられる項目と考えられる。

---

28) 上場審査における支配株主とは、①財務諸表等規則第8条第3項に規定する親会社、又は自己の計算において所有している議決権と②当該主要株主の近親者（二親等内の親族）、③当該主要株主及びその近親者が議決権の過半数を自己の計算において所有している会社等及び当該会社等の子会社が所有している議決権とを合わせて、申請会社の議決権の過半数を占めている主要株主をいうとされている。新規上場ガイドブック（市場第一部編）93頁。

(4) 公開前規制

　東証は、未上場会社[29]が上場申請する場合、株式公開の公正性を確保する観点から、新規株式上場の実現可能性が高い時期に申請会社が第三者割当等を行うことを通じて、特定の者が株式上場に際して短期間に利益を得る行為を防止するため、「上場前の株式等の譲受け又は譲渡」及び「上場前の第三者割当等による募集株式の割当て等」について、上場施行規則において必要な事項を定めている[30]。

　公開前規制は上場審査基準そのものではないが、上場時の手続き規制として、上場時の公募又は売出しに関して一定の規制を置くものである（上場規程第217条）[31]。

　ア　上場前の株式等の譲受け又は譲渡に係る規制

〇有価証券上場規程施行規則

第253条（上場前の株式等の移動の状況に関する記載）

　1　新規上場申請者は、特別利害関係者等（開示府令第1条第31号に規定する特別利害関係者等をいう。）が、新規上場申請日の直前事業年度の末日から

29）厳密には、以下の者を除く新規上場申請者とされる（上場規程第217条、上場施行規則第231条各号）。
　　・国内の他の金融商品取引所に上場されている内国株券等の発行者
　　・テクニカル上場規定の適用を受ける新規上場申請者
　　・外国金融商品取引所等において上場又は継続的に取引されている内国株券等の発行者
　　・上場会社、国内の他の金融商品取引所に上場されている株券等の発行者又は外国金融商品取引所等において上場若しくは継続的に取引されている内国株券等の発行者の人的分割によりその事業を承継する会社（当該承継する事業が新規上場申請者の事業の主体となる場合に限る。）であって、当該人的分割前に新規上場申請を行う場合の新規上場申請者

30）公開前規制は、1989年のリクルート・コスモス事件を契機とし、株式公開を利用した「短期利得」を排除し、公正性を確保する目的から導入された規制である。同事件は、公開前に第三者割当を受けた者及び特別利害関係者等から株式を譲り受けた者が、公開後の短期的に利得を得ることができる状態にあったことが問題となった事案である。公開前規制は、1999年及び2001年に、政府の提言において「未公開企業の経営や資本政策を制約している」との指摘があり、日証協ワーキング・グループでの検討などを踏まえ段階的に緩和され、現在の姿となっている。

31）上場規程第2章は新規上場に関する章である。第2章第1節において総則、第2節において本則市場への新規上場、第3節においてマザーズへの新規上場、第3節の2においてJASDAQへの新規上場がそれぞれ規定されており、公開前規制は第2章第4節に「上場前の公募又は売出し等」として規定されている。

起算して2年前から上場日の前日までの期間において、新規上場申請者の発行する株式又は新株予約権の譲受け又は譲渡（上場前の公募等を除き、新株予約権の行使を含む。以下「株式等の移動」という。）を行っている場合には、当該株式等の移動の状況を第204条第1項第4号又は第219条第1項第2号に規定する「新規上場申請のための有価証券報告書（Ⅰの部)」に記載するものとする。ただし、新規上場申請者の発行する株式が、特定取引所金融商品市場に上場している場合は、この限りでない。

2　新規上場申請者は、前項に規定する「新規上場申請のための有価証券報告書（Ⅰの部)」中「株式公開情報　第1　特別利害関係者等の株式等の移動状況」において、別添7「価格の算定根拠の記載について」に準ずるなどにより、価格の算定根拠を記載するものとする。

第254条（上場前の株式等の移動に関する記録の保存等）

1　新規上場申請者は、上場日から5年間、前条の規定に基づく株式等の移動の状況に係る記載内容についての記録を保存するものとする。この場合において、幹事取引参加者は、新規上場申請者が当該記録を把握し、かつ、保存するための事務組織を適切に整備している状況にあることを確認するものとする。

2　新規上場申請者は、前項の記録につき、当取引所が必要に応じて行う提出請求に応じなければならない。

3　当取引所は、新規上場申請者が前項の提出請求に応じない場合は、当該新規上場申請者の名称及び当該提出請求に応じない状況にある旨を公表することができる。

4　当取引所は、第2項の規定により提出された記録を検討した結果、前条の規定に基づく株式等の移動の状況に係る記載内容が明らかに正確でなかったと認められる場合には、当該新規上場申請者及び幹事取引参加者の名称並びに当該記載内容が正確でなかったと認められる旨を公表することができる。

5　新規上場申請者は、上場会社となった後においても、上場日から5年間は、前各項の規定の適用を受けるものとする。

　東証は、申請会社の上場申請時において、申請会社の上場前の株式等の移動の状況に関する報告を求め、また、申請会社に対して上場前の株式の

移動状況を上場後も5年間記録・保存させ、必要に応じて当該記録を提出させることを求めている。これは、申請会社において、上場前後を通じて不自然な株式の移動がないか把握するものである。この点、上場前の株式等の移動の状況と同様の趣旨から、申請会社の第三者割当による募集株式等の割当ての状況に関しても同様の規制が置かれている（上場施行規則第262条、第263条）。

なお、上場施行規則第253条第1項の「特別利害関係者等」とは、開示府令第1条第31号に規定する特別利害関係者等であり、具体的には、①申請会社の特別利害関係者、②申請会社の大株主上位10名、③申請会社の人的関係会社及び資本的関係会社並びにこれらの役員、④金融商品取引業者等並びにその役員、人的関係会社及び資本的関係会社をいう。

　イ　上場前の第三者割当等による募集株式の割当て等に係る規制

〇有価証券上場規程施行規則

第255条（第三者割当等による募集株式の割当てに関する規制）

1　新規上場申請者が、新規上場申請日の直前事業年度の末日から起算して1年前より後において、第三者割当等による募集株式の割当てを行っている場合（上場前の公募等による場合を除く。）には、当該新規上場申請者は、割当てを受けた者との間で、次の各号に掲げる事項について確約を行うものとする。

　(1)　割当てを受けた者は、割当てを受けた株式（以下この条、次条及び第260条において「割当株式」という。）を、原則として、割当てを受けた日から上場日以後6か月間を経過する日（当該日において割当株式に係る払込期日又は払込期間の最終日以後1年間を経過していない場合には、割当株式に係る払込期日又は払込期間の最終日以後1年間を経過する日）まで所有すること。この場合において、割当株式について株式分割、株式無償割当て、新株予約権無償割当て又は他の種類の株式若しくは新株予約権への転換が行われたときには、当該株式分割、株式無償割当て、新株予約権無償割当て又は他の種類の株式若しくは新株予約権への転換により取得した株式又は新株予約権（以下この款において「割当株式に係る取得株式等」という。）についても同日まで所有すること。

　(2)　割当てを受けた者は、割当株式又は割当株式に係る取得株式等の譲渡

を行う場合には、あらかじめ新規上場申請者に通知するとともに、事後において新規上場申請者にその内容を報告すること。

⑶　新規上場申請者は、割当てを受けた者が割当株式又は割当株式に係る取得株式等の譲渡を行った場合には当該譲渡を行った者及び譲渡を受けた者の氏名及び住所、株式数、日付、価格並びに理由その他必要な事項を記載した書類を、当該譲渡が新規上場申請日前に行われたときには新規上場申請のときに、新規上場申請日以後に行われたときには譲渡後直ちに、当取引所に提出すること。

⑷　新規上場申請者は、割当株式又は割当株式に係る取得株式等の所有状況に関し当取引所が必要と認めて照会を行った場合には、必要に応じて割当てを受けた者に対し割当株式又は割当株式に係る取得株式等の所有状況に係る確認を行った上で、遅滞なく割当株式又は割当株式に係る取得株式等の所有状況を当取引所に報告すること。

⑸　割当てを受けた者は、新規上場申請者から前号に規定する割当株式又は割当株式に係る取得株式等の所有状況に係る確認を受けた場合には、直ちにその内容を新規上場申請者に報告すること。

⑹　割当てを受けた者は、前各号に掲げる内容及び割当株式又は割当株式に係る取得株式等の譲渡を行った場合にはその内容が、公衆縦覧に供されることに同意すること。

⑺　その他当取引所が必要と認める事項

2　新規上場申請者は、前項に規定する確約を証する書類を次の各号に定めるところにより提出するものとする。

⑴　新規上場申請日前に前項の募集株式の割当てを行っている場合
新規上場申請日に提出するものとする。

⑵　新規上場申請日以後に前項の募集株式の割当てを行っている場合
当該割当後遅滞なく提出するものとする。ただし、当取引所が上場を承認する日の前日を超えてはならない。

3　新規上場申請者が、前項の規定に基づく書類の提出を行わないときは、当取引所は新規上場申請の不受理又は受理の取消しの措置をとるものとする。

4　第1項に規定する募集株式の割当てを行っているかどうかの認定は、募集株式に係る払込期日又は払込期間の最終日を基準として行うものとする。

東証は、申請会社の募集株式の割当て及び所有に関して、本条の規制を置いている。

　まず、申請会社が、上場申請日の直前事業年度の末日の1年前の日以後において、第三者割当等による募集株式の割当て[32]を行っている場合には（以下、「割当株式」という。）、当該申請会社及び割当てを受けた者の二者が、継続所有について確約を行い、確約を証する書類（以下、「確約書」という。）を東証に提出することが義務付けられている（本条第1項・第2項）。当該規制の実効性の確保のため、申請会社が確約書の提出を行わない場合、東証は上場申請の不受理又は受理の取消しの措置をとるものとされる（本条第3項）。なお、「措置をとるものとする」という書きぶりから、書類が提出されないときは、東証は上場申請の不受理又は受理の取消しの措置を行わない裁量は認められていない。

　割当てを受けた者は、確約書において、本条第1項各号に定める割当株式の一定期間の継続所有、譲渡時の申請会社への報告及び東証への報告書提出、確約書及び譲渡結果の公衆縦覧の同意等について、確約することとなる。

　確約書は、上場申請日より前に募集株式の割当てを行っている場合には新規上場申請日、上場申請日以後に募集株式の割当てを行っている場合には割当後遅滞なく提出することが義務付けられている。

〇有価証券上場規程施行規則

第256条（募集株式の所有に関する規制）

1　第三者割当等による募集株式の割当てを受けた者が、前条第1項に規定

---

[32] 会社法第199条第1項に規定する募集株式及び優先出資法に規定する募集優先出資の割当てのうち、株主割当又は優先出資者割当以外の方法をいう。

組織再編行為を利用して公開前規制の潜脱を防止する観点から、申請会社が①他社を吸収合併する場合や、②株式交換により他社を完全子会社化する場合に発行される株式、若しくは③申請会社が株式移転により設立されている場合の設立時に発行された株式などは、いわゆる「第三者割当等による募集株式の割当て」には該当しないが、①、②の場合における当該他社、若しくは③の場合における株式移転の対象となった会社において、申請会社の直前事業年度の末日の1年前の日以後に第三者割当等による募集株式の割当てを行っている場合には、特定の者による短期利得の防止という規則の趣旨に鑑み、申請会社株式の継続保有に関する確約等が要請されることがある。

する確約に基づく所有を現に行っていない場合には、当取引所は新規上場申請の不受理又は受理の取消しの措置をとるものとする。ただし、次の各号のいずれかに該当する場合であって、かつ、所有を行っていないことが適当であると認められる場合は、この限りでない。

(1) 割当てを受けた者がその経営の著しい不振により割当株式又は割当株式に係る取得株式等の譲渡を行う場合

(2) その他社会通念上やむを得ないと認められる場合

2　新規上場申請者は、第三者割当等による募集株式の割当てを受けた者が前条第1項に規定する確約に定める期間内において当該募集株式の譲渡を行った場合には、必要な事項を記載した書類を当該第三者割当等による割当株式又は割当株式に係る取得株式等の譲渡が新規上場申請日前に行われた場合には新規上場申請日に、新規上場申請日以後に行われた場合には譲渡後直ちに、当取引所に提出するものとし、当該書類を当取引所が公衆の縦覧に供することに同意するものとする。

3　新規上場申請者は、第三者割当等による募集株式の割当てを受けた者の当該募集株式の所有状況に関して当取引所から照会を受けた場合には、必要に応じて割当てを受けた者に対し割当株式又は割当株式に係る取得株式等の所有状況に係る確認を行った上で、遅滞なく当該募集株式の所有状況を当取引所に報告するものとする。

4　新規上場申請者は、上場会社となった後においても、確約に定める期間内にあっては、前2項の規定の適用を受けるものとする。

　第三者割当等による募集株式の割当てを受けた者が、確約書に基づく所有を現に行っていない場合には、東証は上場申請の不受理又は受理の取消しの措置をとるものとされる。ただし、上場施行規則第255条とは異なり、例外規定が設けられており、割当てを受けた者が、その経営の著しい不振により割当株式又は取得株式等の譲渡を行う場合又はその他社会通念上やむを得ないと認められる場合に該当し、かつ、所有を行っていないことが適当であると認められる場合には、東証は上場申請の不受理又は受理の取消しの措置を取らないこととなっている。

　この点、「その他社会通念上やむを得ないと認められる場合」という文

言は抽象的で解釈の余地が大きいが、基本的には公開前規制の趣旨に則り、制限的に解釈されることとなる。東証は、「その他社会通念上やむを得ないと認められる場合」として取り扱うケースとして以下のようなケースを挙げている[33]。

1．割当株式の移動前後の所有者に実態的な同一性が認められるケース
   【例1】 新たに100％子会社のベンチャーキャピタルを設立し、当該子会社へ投資事業を譲渡する場合
   【例2】 持株会社化による100％子会社の新設に伴う事業譲渡の場合
2．譲渡による割当株式の移動が実質的な所有者は変わらない形式的な移動であると認められるケース
   【例1】 従業員持株会からの従業員の脱退に伴う割当株式の譲渡の場合
   【例2】 A社の厚生年金基金の積立額不足に充当するために、第三者割当等により割当てられた募集株式を退職給付信託に拠出するために信託銀行等に形式的に当該割当株式を移動する場合
3．募集株式の割当時において当該割当株式の継続所有に係る確約を行っていないやむを得ない事情が認められるケース
   【例】 公開予定時期の前倒しにより過去に行われた第三者割当等による募集株式の割当てについて継続所有義務が事後的に発生する場合
4．株式報酬としての譲渡制限付株式のケース
   【例】 割当てを受けた者が退職等により譲渡制限付株式の無償取得事由に該当し、申請会社が当該株式の無償取得を行う場合

　募集新株予約権の割当て及び所有に関しても第三者割当等による募集株式の割当てと同様の規制がなされており（上場規程施行規則第257条、第258条）、ストックオプションとしての新株予約権の割当て及び所有に関する規制についても原則として同様である（上場規程施行規則259条、第260条、第261条）。

---

33) 新規上場ガイドブック（市場第一部編）127頁。

〔図表2-4〕

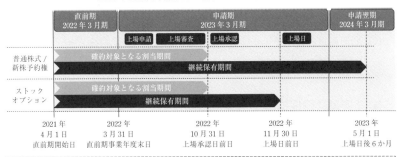

2023年3月期を申請期とする場合における公開前規制の概要

・普通株式、新株予約権及びストックオプションの確約対象となる割当期間は、上場申請日の直前事業年度末日の1年前の日以後の割当となる。
・新規上場時の公募・売出しと並行して行われる第三者割当に関しては、確約書を上場承認の前日までに提出することとなる。
・普通株式及び新株予約権の継続保有期間は、割当日から上場日以後6か月間を経過する日までとなる。
　なお、上場日以後6か月間を経過する日が割当日から1年間を経過していない場合は、割当日から1年間経過するまでが継続所有期間となる。
・ストックオプションの継続保有期間は、割当日から上場日の前日までとなる。

　公開前規制におけるストックオプションとしての新株予約権とは、申請会社が役員又は従業員等[34]に報酬として割り当てた[35]新株予約権をいうと東証により定義されている[36]。ストックオプションとしての新株予約権の割当てについても、第三者割当等による募集株式の割当てと同様に、申請会社及びストックオプションとしての新株予約権の割当てを受けた者の二者が、継続所有について確約を行い、確約書を東証に提出することが求められることになる。

　ストックオプションとしての新株予約権の割当てにおける継続所有期間は、「当該新株予約権の割当日から上場日の前日又は当該新株予約権の行使を行う日のいずれか早い日まで所有すること」とされており、第三者割

34）「役員又は従業員等」とは、「申請会社の役員又は従業員」、「申請会社の子会社の役員又は従業員」をいう。ここでの役員とは役員持株会を含み、取締役、会計参与、監査役、執行役を意味し、なお、弁護士、会計士、顧問、大学教授等の会社協力者等や入社前の者、契約社員は「役員又は従業員等」には該当しない。
35）報酬としての割当てには、役員又は従業員等に新株予約権の発行価格に相当する額の金銭を支給し、当該役員又は従業員等に新株予約権を有償で割り当てる場合その他の有償で割り当てる場合を含むとされる（上場施行規則第259条第3項）。
36）新規上場ガイドブック（市場第一部編）130頁。

当等による募集株式の割当ての場合の「割当てを受けた日から上場日以後6か月間を経過する日（当該日において割当株式に係る払込期日又は払込期間の最終日以後1年間を経過していない場合には、割当株式に係る払込期日又は払込期間の最終日以後1年間を経過する日）まで所有すること」よりも継続所有期間が短くなっている点に特徴がある。

(5) 実効性確保措置

上場規程及び上場施行規則では、新規上場審査等における実効性を確保するため、新規上場申請及び上場審査において提出された書類に虚偽があり、本来なら上場審査基準に適合していなかった場合には、1年以内に新規上場審査に準じた上場適格性の審査に適合しなければ上場廃止とすることが規定されている。新規上場審査に準じた審査が行われる具体的なケースとしては、直ちに上場廃止とすべき場合には該当しないが、内部管理体制等に重大な不備が認められた場合や、経営成績等の形式要件を充足していなかったことが明らかになった場合に審査が行われるとされている。

> ○有価証券上場規程
> 第601条（上場内国会社の上場廃止基準）
> 1　本則市場の上場内国株券等が次の各号のいずれかに該当する場合には、その上場を廃止するものとする。この場合における当該各号の取扱いは施行規則で定める。
> ⑿　上場契約違反等
> 　　次のa又はbに掲げる場合において、当該a又はbに該当すると当取引所が認めた場合
> 　　a　上場会社が上場契約に関する重大な違反を行ったとして施行規則で定める場合、第204条第1項、第211条第1項、第216条の2第1項、第301条第3項、第307条第2項、第312条第3項、第313条の2第3項、第313条の5第3項若しくは第315条の2第3項の規定により提出した宣誓書において宣誓した事項について重大な違反を行った場合又は上場契約の当事者でなくなることとなった場合
> 　　b　上場会社が新規上場の申請に係る宣誓書（第204条第1項、第211

条第1項、第216条の2第1項の規定により提出した宣誓書をいう。ただし、テクニカル上場規定の適用を受けて当該申請を行った者が提出した宣誓書を除く。）において宣誓した事項について違反を行い（前aの場合を除く。）、新規上場に係る基準に適合していなかったと当取引所が認めた場合（当取引所が施行規則で定める基準に適合しないかどうかの審査を不要と認めた場合を除く。）において、当該上場会社が施行規則で定める基準に適合しないとき

第605条第4項（上場廃止に係る審査の申請等）

　当取引所は、第601条第1項第12号b（第602条第1項第1号、同条第2項第3号、第603条第1項第6号、第604条第1項第2号、同条第2項第1号、第604条の2第3号、第604条の3第2号、第604条の4第1項第2号又は前条第2号による場合を含む。以下この条において同じ。）に定める施行規則で定める基準に適合するかどうかの審査は、上場会社からの申請に基づき行うものとし、当該申請が行われなかった場合（当該申請が行われないことが明らかな場合を含む。）は、第601条第1項第12号bに該当したものとみなす。

〇有価証券上場規程施行規則

第601条第12項（上場内国会社の上場廃止基準の取扱い）

　規程第601条第1項第12号bに規定する新規上場時の申請に係る宣誓書において宣誓した事項について違反を行った場合の取扱いは次の各号に定めるところによる。

⑴　規程第601条第1項第12号bに規定する新規上場に係る基準とは、次のaからcまでに掲げる宣誓書の区分に従い、当該aからcまでに掲げる基準をいう。

　　a　規程第204条第1項の規定により提出した宣誓書
　　規程第205条、規程第206条、規程第207条第1項及び規程第210条
　　b　規程第211条第1項の規定により提出した宣誓書
　　規程第212条、規程第213条及び規程第214条第1項
　　c　規程第216条の2第1項の規定により提出した宣誓書（内訳区分としてスタンダードが選択された場合に限る）

規程第216条の3、規程第216条の4及び規程第216条の5第1項

(2) 規程第601条第1項第12号bに規定する施行規則で定める基準とは、次のaからdに掲げる上場会社が発行する上場株券等が上場している市場区分（規程311条、規程317条又は規程315条の8の規定により指定替え若しくは上場市場の変更又は内訳区分の変更が行われる場合は、指定替え若しくは上場市場の変更又は内訳区分の変更後の市場区分）に従い、当該区分に掲げる基準に準じた基準をいう。

  a 市場第一部

規程第205条、規程第206条、規程第207条第1項及び規程第210条

  b 市場第二部

規程第205条、規程第206条、規程第207条第1項

  c マザーズ

規程第212条、規程第213条及び規程第214条第1項

  d JASDAQ（内訳区分がスタンダードである場合に限る）

規程第216条の3、規程第216条の4及び規程第216条の5第1項

(3) 上場会社が規程第605条第4項の申請を行うことができる期限は、規程第601条第1項第12号bに規定する新規上場に係る基準に適合していなかったと当取引所が認めた日から1年を経過する日までをいうものとする。

また、過去に一部指定又は市場変更を受けた上場会社において、一部指定申請時又は市場変更申請時の申請書類に虚偽記載があり、一部指定又は市場変更に係る基準に適合していなかったことが明らかになった場合は、申請前の市場への指定替え又は市場変更を行うことが規定されている。この場合は、既に上場会社であるため、後述する上場会社に対する実効性確保措置の対象となる。虚偽記載に対する特設注意市場銘柄への指定や改善報告書徴求措置が実施された場合には当該措置の判断に係る結果を踏まえ、当該指定替え又は市場変更が行われることとなる。

〇有価証券上場規程

第315条の8（指定替え、市場変更等の特例）

  一部指定等の申請（第307条第1項、第312条第1項、第313条の2第1

項、第 313 条の 5 第 1 項又は第 315 条の 2 第 1 項に規定する申請をいう。以下この条において同じ。）に基づき当該一部指定等の承認を受けた上場会社が、当該一部指定等の申請に係る宣誓書（第 307 条第 2 項、第 312 条第 3 項、第 313 条の 2 第 3 項、第 313 条の 5 第 3 項又は第 315 条の 2 第 3 項の規定により提出した宣誓書をいう。以下この条において同じ。）において宣誓した事項について違反を行った場合であって、次の各号のいずれかに該当するときは、当取引所は、当該宣誓書の提出時点で当該上場会社が上場していた市場区分への指定替え若しくは上場市場の変更又は内訳区分への内訳区分の変更を行う。

(1) 特設注意市場銘柄の指定

　当取引所が、当該違反に起因して、当該上場会社が発行者である上場株券等を、第 501 条第 1 項各号の規定により特設注意市場銘柄に指定する場合

(2) 改善報告書の提出

　当取引所が、当該違反に起因して、当該上場会社に対して、第 502 条第 1 項各号の規定により改善報告書の提出を求める場合（施行規則で定める場合を除く。）

2　前項による指定替え、上場市場の変更又は内訳区分の変更の時期及びその取扱いは、施行規則で定める。

◆3　上場維持基準

　上場審査基準に位置付けられるものではないが、新市場区分においては「上場維持基準」が設けられ、当該維持基準に抵触し、改善期間内に改善が行われなかった場合には上場廃止となることが予定されている。ただし、新市場区分への移行に際して、上場維持基準については、当分の間、経過措置が設けられることとなっている。なお、現在の全市場区分に共通する上場廃止基準は現行制度を踏襲して定められることとなる。

　上場維持基準は、①上場審査基準と廃止基準に乖離があり、市場からの退出が有効に機能していない、②全体的に上場廃止基準が過度に低く、廃止に至るまで時間がかかり過ぎる、③現行の上場廃止基準は、対応する上場基準と比較してその水準が極めて低いため著しい不均衡、④構造的に退出する企業の数が少ない点については見直しが求められる、廃止基準が低く、個人投資家がリスクを認識できていない、⑤上場会社の持続的な企業価値向上の動機付けの点で期待される役割を十分に果たせていない等の批判を受けて、上場における入口と出口の基準の平仄を合わせるべく設けられた基準である。

　各上場維持基準は、概要以下のような設計となっている。

　上場会社は、2021年9月1日から12月30日までの選択期間において、移行日に所属する市場区分として、スタンダード市場、プライム市場又はグロース市場のいずれかの市場区分を選択し、その旨を東証に申請している。上場会社の現在の市場区分と選択先の市場区分の組合せに応じて、異なる手続が適用され、東証は、各上場維持基準への適合状況を確認している。例えば、市場第一部からグロース市場、市場第二部又はJASDAQスタンダード市場からプライム市場又はグロース市場、マザーズ市場又はJASDAQグロース市場からスタンダード市場又はプライム市場に選択すると新規上場審査と同様の審査手続きが実施されることとされており、2021年12月30日までの審査終了を目途として審査が行われている状況

〔図表 2 - 5〕　上場維持基準

項目	プライム	スタンダード	グロース
株主数	800 人以上 (800 人以上)	400 人以上 (150 人以上)	150 人以上 (150 人以上)
流通株式数	20,000 単位以上 (10,000 単位以上)	2,000 単位以上 (500 単位以上)	1,000 単位以上 (500 単位以上)
流通株式時価総額	100 億円以上 (10 億円以上)	10 億円以上 (2.5 億円以上)	5 億円以上 (2.5 億円以上)
流通株式比率	35% 以上 (5% 以上)	25% 以上 (5% 以上)	25% 以上 (5% 以上)
売買代金／売買高	1 日平均売買代金 0.2 億円以上 (月平均 40 単位以上)	月 10 単位以上 (月 10 単位以上)	月 10 単位以上 (月 10 単位以上)
純資産の額	正であること (正であること)	正であること (正であること)	上場から 3 年経過後に 正であること (上場から 3 年経過後に 正であること)

※　( ) は「当分の間」の経過措置として緩和された上場維持基準
※　改善期間は原則として 1 年間だが、緩和された基準の流通株式比率の改善期間は「なし」
　となっている。
　　当該基準に抵触した場合の改善のための期間は設けられておらず、事業年度の末日におい
　て流通株式比率が 5% 未満となったときに、速やかに上場廃止となることを意味している。

である[37]。

　上場会社が、選択先の市場区分の上場維持基準を充たしていない場合、
上場維持基準の適合に向けた計画及びその進捗状況を提出し、改善に向け
た取組みを図ることで、当分の間、経過措置として緩和された上場維持基
準が適用されることとなる。当分の間の経過措置については、当面見直し
を予定しておらず、目安としての期間を設けないことが東証から公表され
ているが、移行日後における上場会社各社の上場維持基準への適合状況な
ど、中期的な状況変化等を踏まえながら、将来的に見直しを行う場合があ
るとされている。

---

37) 東京証券取引所「新市場区分の選択に係る各種手続のご案内」（https://www.jpx.co.jp/
　　equities/market-restructure/selection/nlsgeu000005mhi9-att/bessi.pdf）。

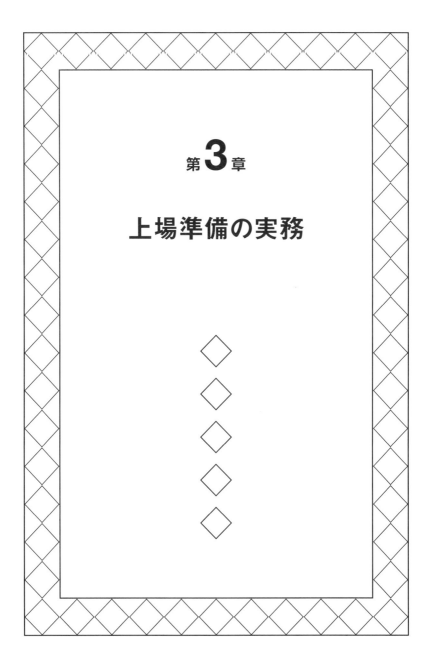

第**3**章

上場準備の実務

◆1　上場準備の全体像

　上場準備は、後述する上場準備の関係者と協力体制を敷いたうえで長い期間をかけて行われる。以下では、一般的な上場準備の流れを概観する。

　上場を希望する申請会社は、数年かけて上場準備のためのスケジュールを組み、監査法人とは監査契約を、主幹事証券会社とはアドバイザリー契約や公開引受契約を締結する。監査法人のショートレビュー及び主幹事証券からの上場支援の助言指導を受けつつ、会計制度をより一層整備し、社内管理体制、社内規則等の整備・運用を充実させていくこととなる。これらに並行して、上場申請の際に必要となる東証[1]及び管轄財務局への提出

〔図表3-1〕[2]

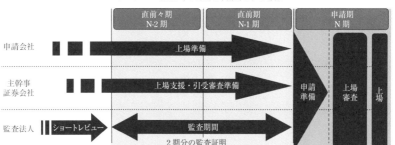

モデルケース（2023年3月期を申請期とする場合）

2021年3月　　　2022年3月　　　2023年3月　2023年7月〜

1）　上場審査の主体は東証ではなく自主規制法人であるが、本章では両者を区別せず単に「東証」とする。
2）　例えば、2024年3月期を直前期として最短で上場を考える場合、当該事業年度の決算の確定、監査法人の監査意見取得、株主総会の実施、主幹事証券会社の引受審査実施を経て東証に上場申請を行うこととなることから、現実的には2024年10月頃が最短の上場日となると考えられる。なお、上場承認日から上場日までのファイナンス期間中に正月、ゴールデンウイーク、お盆などの大型連休を挟むスケジュール設定は行われない実務となっている。連休中に市況が大きく変わる可能性があり、影響が大きくなることを避けるためである。

書類を作成する。また、上場申請にあたって、申請会社の連結財務諸表及び財務諸表等（以下、「財務諸表等」という。）について金商法に準ずる監査を受けていることを前提に、申請期の直前2期間の監査証明が要求されていることから、監査法人による監査も開始されることとなる。

　上場直前期には、主幹事証券の引受審査が行われ、それを通過すると、東証への新規上場申請が行われる。東証が上場申請を受けてから、承認するまでの期間としては、本則市場（上場施行規則第215条の2）及びJASDAQスタンダードは3か月（上場施行規則第229条の13）、マザーズ市場（上場施行規則第228条の2）は2か月の標準審査期間が設定されている[3]。ただし、これらの規則で規定されている標準審査期間は、審査上問題が発見されない行程が前提となっており、外部からの情報提供等により整理すべき事項等の上場審査上の問題点が生じた場合には、標準審査期間を延長して審査がなされることがある[4]。なお、審査期間の延長により、上場申請事業年度に係る決算確定日（一般的には定時株主総会日）を超えて上場日を設定することとなった場合には、一度上場申請を辞退し、改めて上場申請を行うこととなる。

---

3) JASDAQグロース市場に関しては、現在新規上場等が停止されており、グロースへの新規上場に関する上場規程は削除されている。
4) 申請会社の上場が金融商品市場や投資者に重大な影響を及ぼす可能性が高いと考えられる場合、日本取引所自主規制法人の理事会において上場承認に関して審議されることとなり、この場合標準審査期間に加えて1か月以上審査に時間を要することとなる。当該理事会決議となる具体例としては、民営化企業、議決権種類株式の活用などガバナンス上議論を要するスキームを採用している申請会社、再上場企業、申請会社グループやその経営陣が過去に重大な事件・法令違反を起こしているなどコンプライアンス上の重大な懸念のある申請会社、その他新たな論点が含まれる申請会社、上場時に見込まれる時価総額が概ね1,000億円を超える申請会社等がこれに該当する可能性があるとされている。

◆2　東証上場審査の概要

　東証の上場審査においては、申請会社に対するヒアリングが原則として3～4回行われる。ヒアリングは、申請会社の事業内容や内部管理体制、業績の状況等を正確に把握し、問題点の有無を確認するため、非常に重要なプロセスと位置付けられている。その他、申請会社における工場や店舗を直接視察する実地調査、監査法人の見解を確認するための監査法人ヒアリング、監査状況及び申請会社の抱える課題等を確認する監査役面談並びに経営者の今後の事業方針や上場会社になるにあたっての考え等を確認する社長説明会等を経て上場承認の適否が判断されることとなる。なお、上場時に公募又は売出しを行う場合には、上場承認日（申請会社における公募又は売出しの決議日であり有価証券届出書の提出日）から上場日までは、公募又は売出しの価額の決定手続が必要であり、そのための期間として約1か月が必要となる。東証における標準的な審査スケジュールとしては図表3-2のとおりである。

⑴　事前相談
　申請会社は、上場申請前に上場審査に関する疑問点について東証の見解を確認したい場合、直接又は証券会社を通じて東証に相談することができる。東証は、実質審査基準に照らし重要な論点となりうることが上場申請前に想定される場合には、上場申請前に解決の方向性を整理することを求めており、過去の新規上場審査において問題があった場合には、再申請にあたって相当程度の運用期間を確保する必要があると判断することがあると明示している[5]。このため、上場審査上の問題が懸念される場合、申請会社は上場申請の前に東証に相談のうえ解決のための整理を図っておく必要がある。

5）新規上場ガイドブック（市場第一部編）9頁。

〔図表3-2〕

申請前	事前相談	上場申請上の問題点についての相談（例：訴訟、開示、子会社上場等）		
申請 約1週間前	事前確認	申請前の確認事項①主幹事証券の公開指導・引受審査の内容、②反社会的勢力との関係等の確認 ③高い成長可能性の確認（マザーズに限る）		
審査期間 本則・JQ：3か月 M：2か月	上場申請	申請時ヒアリング 　上場申請理由、事業理由、沿革、業界環境、今後の成長計画（概略）等について確認		
	ヒアリング （3回程度）	第1回	事業内容等に関する詳細、仕入・生産・販売の状況、役員・株主等の状況 法的規制、関連当事者取引等	
		第2回	事業計画、経営管理・内部管理体制、Iの部の記載について（事業内容等）	
		実地調査（※必要に応じて実施：工場、店舗、研究所等）		
		第3回	経理の状況、法令違反等、訴訟関係、Iの部の記載（財務数値・業績関係）	
	面談	会計監査人	監査契約締結の経緯、監査役との連携状況、特異な会計処理、内部統制の状況	
		社長 常勤監査役 独立役員	【社　長】コーポレートガバナンス、適時開示、利益還元に関する方針等 【監査役】監査の実施状況、監査手続きの確認等 【独立役員】コーポレートガバナンス方針等の評価、独立役員の役割・機能等	
	社長説明会	日本取引所自主規制法人役員との面談		
	上場承認	対外公表		
		※ファイナンスを行う場合：約1か月間／ファイナンスを行わない場合：1週間		
上場日	上場	取引開始日、新規上場セレモニー		

(2)　事前確認

　上場申請のおよそ1週間前に、証券会社と東証の間で、①公開指導・引受審査の内容に関する事項、②反社会的勢力との関係、③高い成長可能性（申請市場がマザーズに限る）について確認が行われる。

　ア　公開指導・引受審査の内容に関する報告

　「公開指導・引受審査の内容に関する報告」とは、申請会社が上場申請時に東証に提出することを上場規程において義務付けられている書類に基づき（詳細は3(2)で後述する）、証券会社が、上場申請に至るまでに実施した公開指導や引受審査の過程で特に留意した事項、重点的に確認した事項を東証に報告するものである。そこでは、証券会社の申請会社に対する上場支援において、業種・業態、会社の成長ステージ等、申請会社の状況を勘案して特に留意した事項、重点的に確認した事項（例：重要な内部管理体制の整備・運用、特殊な会計処理の採用、重大な法令違反の存在、特徴的な事業上のリスクの存在等）が報告されることになる。

　イ　反社会的勢力との関係について

　申請会社の「反社会的勢力との関係」については、証券会社が作成する

「確認書」（上場施行規則第204条第1項第7号）及び申請会社作成の「反社会的勢力との関係がないことを示す確認書」（上場施行規則第204条第1項第6号）に基づいて、以下の点が確認される。

- 履歴・属性を調査した新規上場申請者の関係者（役員、株主、取引先等）の範囲。その範囲の決定にあたり、新規上場申請者の設立経緯や取引関係、業界慣行や取引慣行等を考慮している場合は、その内容
- 反社会的勢力との関係を確認するために実施した調査の内容（新規上場申請者の取引先等からの評価を調査している場合はその内容を含む）

(3) 上場申請

東証への上場申請には、通常申請と予備申請が用意されている。通常申請とは、申請直前事業年度にかかる定時株主総会終了後に行う上場申請をいい、直前期の財務諸表等が確定した状態で申請が行われる。これに対して予備申請とは、申請直前事業年度の決算が確定する前に申請を行う上場申請をいい、直前事業年度の定時株主総会実施前に上場申請直前事業年度の末日からさかのぼって3か月前の日以後に行われることから、直前期の財務諸表等が未確定の状態で申請が行われることとなる。予備申請は、株式上場時期の集中にともなう弊害を緩和するために導入されている制度であり、予備申請に対する上場審査はその時点における資料に基づき行われ、定時株主総会終了後、直前事業年度に係る決算書類などが整った段階で改めて上場申請を行うこととなる。予備申請を行った場合の標準審査期間は、予備申請日から上場承認希望日までの期間で計算される。申請時における提出書類等の手続きが一部異なるが、審査の内容は同様である。

上場申請時には、上場申請に伴う提出書類の授受が行われるとともに、東証からは上場審査スケジュール、審査内容及び審査の具体的な進め方等について説明されることとなる。申請会社は上場申請理由、事業内容、業界環境及び役員・株主の状況などについて東証に対して説明することとなる。

⑷　上場審査

東証上場審査は上場申請時の提出書類、申請会社及び申請会社の役員に対するヒアリング及び実地調査により行われる。

ア　申請会社に対するヒアリング

まず、東証は上場申請時に申請会社が提出した書類に基づいて上場審査基準の適合状況を判断する。続いて、東証は申請書類の記載内容を前提に申請会社に対して質問事項の提示を行う。申請会社は当該質問事項に対する回答を作成のうえ東証に提出し、当該回答書に基づいて原則として対面でヒアリングが行われる。ヒアリングの回数は、上場申請時のヒアリングを除いて3回が標準とされているが、審査の過程で問題が発見された場合には追加ヒアリングが実施されることがある。

イ　実地調査（実査）

東証は、上記ヒアリングに並行して申請会社の本社、工場、店舗、研究所、事業所等に赴き実地調査を行う。事業内容の実態をより正確に把握するために、会計伝票・帳票等を閲覧し会計手続きの確認等を行う。

ウ　監査法人（公認会計士）に対するヒアリング

東証は、申請会社の監査を行っている監査法人に対して、監査契約締結の経緯、経営者及び監査役等との協議状況、内部管理体制の状況、経理及び開示体制等についてヒアリングを行う。上場審査の実効性を高めるため、ヒアリングは東証と公認会計士の二者間で行われ、実施時期については申請会社及び証券会社に対しては開示されない実務になっている。

エ　社長面談、監査役面談、独立役員面談等

東証は、社長[6]面談において、会社や業界について、経営者の認識、上場後の株主への対応方針、申請会社のコーポレート・ガバナンス及びコンプライアンスの対応方針、現状の体制及び運用状況等についてヒアリングを行う。

監査役面談においては、原則として常勤監査役に対して、実施している監査の状況や申請会社の抱える課題などについてヒアリングが行われる。

6）代表取締役社長、CEO、経営責任者等、会社を代表して業務を執行する者を指す。

独立役員面談においては、申請会社のコーポレート・ガバナンスに対する方針・現状の体制及び運用状況、経営者のコンプライアンスに対する意識、独立役員の職務遂行のための環境整備の状況（情報提供、十分な検討時間の確保など）、経営者が関与する取引の有無や当該取引への牽制状況等についてどのように評価しているのか、上場後に独立役員として果たすことが期待される役割・機能等についてどのように認識しているのかヒアリングが行われる。また、申請会社が大株主や親会社等を有している場合には、当該大株主や親会社等に対して、申請会社のガバナンス体制の実効性確保に関する方策や今後の株式保有方針などについてヒアリングが行われる実務となっている。

オ　社長説明会

社長説明会とは、申請会社社長が東証[7]に対して、会社の特徴、経営方針及び事業計画等について説明を行う場をいう。東証は、社長説明会における質疑応答等を通じて、上場の可否の最終的な判断に進めるかどうかの検討を行うとされている。社長説明会では、当該質疑応答のほか、上場後の開示体制やコーポレート・ガバナンス等に関する留意事項・要請事項が伝達される実務になっており、申請会社の情報取扱責任者[8]及び常勤監査役の同席が要請されている。

カ　報告未了事項の確認

上場申請後において、提出書類やヒアリングにおける回答書の記載内容に変更があった場合及び提出書類に記載すべき事項を申請会社が新たに認識した場合には、速やかに東証に報告することが要請されている。東証は、当該報告が漏れなく行われるよう上場承認前に申請会社に対して報告未了事項の有無に関する照会を行う実務となっており、申請会社が当該照会に対して回答するために事実関係の確認・調査や専門家による評価を取

---

7) 厳密には日本取引所自主規制法人の役員が出席する。
8) 上場会社は、取締役・執行役又はこれに準ずる役職者から「情報取扱責任者」を選任し、東証に届け出ることが義務付けられている（上場規程第417条第1項、上場施行規則第413条）。情報取扱責任者は、東証が行う照会に対する報告その他の連絡窓口となるほか、重要な会社情報の社内管理や開示に関する責任者と位置付けられることになる。

得する必要がある場合には、それらの必要な確認等を行ったうえで回答することが求められる。当該確認に一定の時間を要する場合には、確認等の途中経過について報告することとなる。上場承認から上場日までに新たに報告すべき事項を認識した場合も同様である。なお、当該報告を怠った結果、新規上場申請に係る宣誓書に違反すると認められる場合は、第2章2(5)の実効性確保措置の対象となることから注意が必要である。

(5) 上場

東証は、上場承認日に東証のホームページ等で申請会社の上場を承認した旨の発表を行う。申請会社に対しては、当該公表に先立ち東証内での内部決裁手続き終了後に上場の承認が決定されたことが連絡される実務となっている。上場に際して公募又は売出しを行う場合は約1か月後、他市場での既上場会社で公募又は売出しを行わない場合は、当該発表の約1週間の周知期間の後に上場することとなる[9]。申請会社は、上場日まで継続して、継続提出書類（取締役会議事録及び監査役監査資料等）を提出することを義務付けられている。

上場承認後、外部からの情報提供等により整理すべき事項等の上場審査

---

9) 日本証券業協会は、2021年9月に「公開価格の設定プロセスのあり方等に関するワーキング・グループ」を設置し、新規株式公開時における公開価格の設定プロセスのあり方等について議論してきた。これは、2021年6月に閣議決定された政府の成長戦略実行計画に「IPO時の公開価格設定プロセスの在り方について、実態把握を行い、見直しを図る」と明記されたことを受けたものと思われる。
　首相官邸成長戦略ポータルサイト「成長戦略実行計画」22頁（https://www.kantei.go.jp/jp/singi/keizaisaisei/portal/plan/index.html）。
　日本証券業協会における報告書案は、2022年1月末に取りまとめが行われるが、上場審査実務に関係するところでは、公開価格の設定プロセスの見直しとして、仮条件の範囲外での公開価格設定、上場日程の期間短縮（7日程度）、上場日設定の柔軟化、有価証券届出書への想定発行価格や手取金概算額の記載方法の変更、売出株式数の柔軟な変更、国内、海外へ移行募集時のオーバーアロットメントの上限額の明確化、価格設定の中立性確保などが議論されている。
　日本証券業協会「公開価格の設定プロセスのあり方等に関するワーキング・グループ」（https://www.jsda.or.jp/about/kaigi/jisyukisei/gijigaiyou/20210915170847.html）。
　なお、これらの議論は決定事項ではなく、日本証券業協会が金融庁や東証に対して要請し、これを受けて関係当局により改正の検討がなされるというものである。

上の問題点が生じて上場審査を継続する必要が生じた場合や、公募又は売出しの中止などにより上場審査基準に抵触することとなった場合、上場承認が取り消されることになる。

　申請会社は、上場日に「決算情報等のお知らせ」として直近の決算情報等をTDnetによって開示し、東証において行われる上場セレモニーに参加することが慣例となっている。

◆3 上場準備の関係者

⑴ 監査法人（公認会計士）

　監査法人は、上場準備において、ショートレビューの実施及び申請会社の財務諸表等に対する監査等を行う。監査法人は上場申請において必須の関係者であり、上場準備において重要な役割を果たしている。

　上場を希望する申請会社は、上場申請に先立ち、一般的に監査法人からショートレビューを受ける。ショートレビューとは、予備調査、短期調査、クイックレビュー等ともいわれ、監査法人が上場を希望する会社に対して、新規株式上場に向けて会社の財務基盤、会計処理、経営体制、内部管理体制及び関連当事者取引等を集中的に調査し、上場に向けた課題の抽出と改善策の立案等を行うことをいう。会社の規模にもよるが、通常ショートレビューは短期間で行われ、1週間から3週間程度で実施される。上場準備を効率的に進めるために、ショートレビューは上場準備の初期に行われることが望ましいとされる。

　また、第2章2⑴⑧のとおり、上場申請にあたっては、上場会社監査事務所による監査報告書及び監査概要書の提出が要求されていることから、申請会社は監査法人を選定し、自社の財務諸表等を監査してもらうための監査契約を締結する必要がある。日本公認会計士協会「株式新規上場（IPO）のための事前準備ガイドブック」によれば、監査契約の締結時期は、「会計監査が始まる段階までの準備が重要であり、監査対象期間（上場申請期の直前々期）に入ってからの会計監査の依頼は難しい場合が多い」[10]とされており、上場準備にあたっては早期の監査法人との連携が必要となる[11]。

---

10) 日本公認会計士協会「株式新規上場（IPO）のための事前準備ガイドブック「会計監査を受ける前に準備しておきたいポイント」公表のご案内」（https://jicpa.or.jp/news/information/2020/20201124acd.html）。

11) 株式新規上場における監査法人の選任に関する議論として、金融庁において「株式新規上

(2) 証券会社

　証券会社は申請会社に対する上場準備支援全般を行っており、証券会社の上場における役割は広範にわたる。証券会社は、監査法人同様上場申請において必須の関係者であり、上場準備において重要な役割を果たしている。まず、上場準備段階においては、申請会社の資本政策、事業計画策定、社内体制整備等の上場支援に向けた助言、引受審査[12]等を行い、上場申請時においては、東証に対する推薦書の作成・提出、申請会社に対する上場申請書類作成支援、東証審査における助言・日程調整や連絡等の各種対応、上場時にはファイナンス手続き（公開価格決定[13]に向けた手続

　場（IPO）に係る監査事務所の選任等に関する連絡協議会」の報告書が取りまとめられている。同報告書では、「IPOを目指す企業は増加傾向にあるが、監査事務所との需給のミスマッチ等により、必要な監査を受けられなくなっている。一方、監査品質の確保はすべての議論の根幹となるものであるとして、監査事務所における人員及び監査時間等のリソースが確保できないにも関わらず、監査を引き受けることで品質を低下させ、監査そのものの信頼性を損ねることがあってはならない。必要な監査が受けられることへの対応と監査品質の確保を両立させていくことが重要である」として、大手監査法人、準大手監査法人、中小監査事務所、日本公認会計士協会、証券会社、ベンチャーキャピタル、証券取引所、IPOを目指す企業に対して、それぞれが取り組むべきことが挙げられている。
　金融庁「株式新規上場（IPO）に係る監査事務所の選任等に関する連絡協議会」報告書の公表について（https://www.fsa.go.jp/singi/kansaninkyougikai/houkoku/20200325/20200327.html）。

12) 証券会社が申請会社の公募・売出し等を引き受けるための審査をいい、東証の上場審査に先立ち実施される。上場準備を支援する営業部門や公開引受部とは独立した別の部隊（一般的には引受審査部の名称）が申請会社の審査を行う。

13) 公開価格は、①想定公開価格の決定、②ロードショーの実施、③仮条件価格の決定、④ブックビルディングの実施を経て決定される。想定公開価格とは、申請会社の企業評価等をもとに、主幹事証券会社と申請会社の間で一応合意された価格であり、通常、上場後の株式市場における想定時価総額を算出したうえで1株当たりの価格を割り出し、ディスカウントした価格となる。ディスカウントを行う理由には、申請会社株式は通常取引実績がなく、情報が限定されており、投資者が情報収集や分析をしにくく、上場承認日から上場日までの株式市況の変動リスクを織り込み、上場後の安定的な株価形成のために割引が行われると説明されている。投資者向けの勧誘資料でもある目論見書には、かかる想定公開価格が掲載されることとなる。野村證券公開引受部編『IPOは野村に聞いてみよう。』（ダイヤモンド社、2018）82頁。
　上場承認を受けた後、主要な機関投資家を直接訪問して自社のエクイティストーリー、成長戦略を説明する。これがロードショーである。当該ロードショーを経て、機関投資家から想定公開価格に関する需要見込みを確認し、機関投資家から示された株価とその根拠、評価点や懸念点などに基づいて仮条件価格が決定される。

等）、引受シンジケート団（通称「シ団」と言われる）¹⁴⁾ の組成等を行う。上場後においても、金融商品市場における資金調達や情報開示などの場面において支援を行うことがある。併せて、幹事取引参加者である証券会社は、申請会社が上場申請するときに提出を義務付けられる「推薦書」「確認書」「公開指導及び引受審査の過程で特に留意した事項及び重点的に確認した事項を記載した書面」の作成を行う（上場施行規則第204条第1項第7号a、b、c）。これらの書類は原則として上場申請時に提出することが義務付けられていることから¹⁵⁾、この点において申請会社が上場するには証券会社の関与が必須ということになる。次の資料のとおり、推薦書は、証券会社が申請会社の上場申請について、問題がないことを確認したことを東証に約する内容となっており、上場審査において当該推薦書は重要な書類の1つとして位置付けられている。

　　仮条件価格が決まったらブックビルディング（需要の積み上げ）が行われ、公開価格に関する複数のレンジが投資者に示され、この価格で何株買いたいという注文を集め、最も適正と思われる価格を検討し、公開価格として最終決定される。

14) 引受シンジケート団とは、複数の証券会社で構成される公募・売出し株式の販売を行う団体をいう。主幹事証券会社は、公開価格を決定するだけではなく、シ団を組成し、そのメンバーである引受証券会社に公募・売出し株式の一部を販売する手配を行う実務となっている。

15) 「確認書」「公開指導及び引受審査の過程で特に留意した事項及び重点的に確認した事項を記載した書面」は上場申請時に、「推薦書」は上場承認日までに提出することが義務付けられている。上場規程第204条第2項但書は「当該書類のうち施行規則で定める書類については、当取引所がその都度定める日までに提出すれば足りるものとする」と規定しており、新規上場ガイドブックにおいて、推薦書は上場承認日までに提出することが要請されている。

資料

推　薦　書

平成　年　月　日

株式会社 東京証券取引所
　代表取締役社長　殿

幹事取引参加者　　　　　印

代表者の役職氏名　　　　印

　当社は、申請会社である＿＿＿＿＿＿＿（その企業グループを含む。以下「同社」という。）の経営者の識見、内部管理体制及び業績等について十分調査を行いました。

　当社の現在までの調査の結果、同社は、経営者の識見その他において不安のない優良な企業であり、同社株式が＿＿＿＿＿＿＿＿＿＿＿された後においても、金融商品市場の信用失墜を招くようなことを引き起こさないものと確信しておりますので、同社を貴取引所に推薦いたします。

　なお、当社は、今後引き続き調査を行い、＿＿＿＿＿＿＿＿＿までの間に、なんらかの異常が認められた場合には、遅滞なく貴取引所に報告するとともに、同社株式が＿＿＿＿＿＿＿＿＿された場合には、同社が関係法令、貴取引所の諸規則及び上場契約などに違反しないよう指導いたします。

（記載上の注意）
・本書の提出に当たっては、この（記載上の注意）の添付は必要ありません。
・冒頭の傍線部には申請会社名を、後段の破線部（3か所）には申請の種類に応じて「新規上場・市場変更・内訳区分変更」のいずれかをご記載ください。

（H25.7.16)[16]

16）日本取引所「提出書類」（https://www.jpx.co.jp/equities/listing-on-tse/format/00-01.html
#heading_00)。

次に、一般的な契約締結のタイミングとしては、申請会社は、上場準備の早い段階で証券会社との間で上場に向けたアドバイザリー契約を締結し、ある程度上場準備が進捗した段階で証券会社の公開引受部[17]との間で公開引受契約を締結する[18]。証券会社の公開引受部は、申請会社の上場までのスケジュール管理、内部管理体制の改善、証券取引所審査におけるサポートなど上場支援全般を行い、引受審査部は申請会社の株式の引受を行うことが妥当か否か、東証に推薦書を提出することができるかどうかの観点から申請会社を審査する[19]。証券会社は、申請会社の株式が引き受けるに値する価値があるか、市場で評価されうるか、成長可能性はどうか、管理体制や取引状況等に問題はないか等、慎重に審査を行うことになる。

　なお、上場に関して申請会社を支援する業務を行う証券会社のことを「幹事証券会社」（東証の取引参加者である場合は「幹事取引参加者」ともいう。）といい、証券会社の中で中心となる証券会社を「主幹事証券会社（主幹事取引参加者）」という。また、公募等に関し申請会社と元引受契約を締結する証券会社を「元引受証券会社（元引受取引参加者）」という。

---

17) 証券会社によって部署の正確な名称は異なる。

18) 主幹事証券会社就任のあり方に関する議論として、金融庁、日本証券業協会及び東京証券取引所が2017年3月30日付で「株式新規上場引受に関する検討会」報告書を取りまとめている。同報告書では、主幹事証券会社のグループが発行会社との間に一定の比率以上の資本関係を有する場合及び公的再生支援下にある発行会社が再上場する場合における主幹事証券会社就任においては、公正性及び透明性の観点から利益相反回避措置を講じるべきことが記載されている（https://www.fsa.go.jp/news/28/singi/20170330.html）。

19) 引受審査責任に関しては、日本証券業協会が「財務諸表等に対する引受審査ガイドライン」を2012年5月9日に制定している（日本証券業協会社債市場の活性化に関する懇談会「社債市場の活性化に向けた取組み」（「社債市場の活性化に関する懇談会部会」報告）参照（https://www.jsda.or.jp/about/kaigi/chousa/shasai_kon/files/120730_bukai_houkoku.pdf）。同ガイドラインでは、元引受証券会社の引受審査においては、監査人の監査証明を信頼することについて、その適切性を疑わせしめるような事情がないかどうかを吟味することに主眼を置いて行うことが合理的かつ実効的であり、疑わしい事象の発見のためには、発行会社の状況や監査法人による監査証明の手続内容に応じて確認・検討が行われるべきとされている。なお、「同ガイドラインは、社債の引受審査を想定して検討・策定されたものであるが、基本的な考え方は有価証券の引受審査全体に適用されうるものであると確認された」とされている（月刊資本市場327号（2012年11月）23頁）。

(3) 株式事務代行機関

株式事務代行機関は、株主名簿作成事務等の受託、議決権及び配当等の株主に付与される各種の権利の処理を行う機関であり、会社法第123条に規定される株主名簿管理人と同義である。株式関係事務の円滑化及び投資者の信頼確保のため、申請会社は、自社の株式事務を株式事務代行機関に委託しているか、又は株式事務代行機関から株式事務を受託する旨の内諾を得ていることが上場申請の前提となっている（上場規程第205条第8号）[20]。

(4) 印刷会社

印刷会社は、申請会社の各種資料作成支援、資料作成ツールの提供等、IR支援全般を行う。これらの開示書類は項目や記載内容が複雑多岐であり、法令や取引所規則で詳細に規定されていることから、間違った開示とならないよう印刷会社が書類作成支援サービスを提供している。法令や取引所規則で利用が義務付けられているわけではないが、事実上ほとんどの上場会社が印刷会社を利用しているものと思われる。

(5) 弁護士、コンサルタント等の各種専門家

弁護士は、会社法に基づく申請会社の機関設計、経営管理体制及び内部管理体制の構築・運用、契約関係、労務管理、税務、法令・行政のガイドラインに対する各種助言等、上場準備支援全般を行う。上場前に訴訟・係争関係を整理しておく必要があるため（2⑴参照）、申請会社がトラブルを抱えている場合にはその相手方と紛争解決を図ることもある。

上場支援のコンサルティング会社には、経営、事業、会計、IT、人事労務、環境等、様々な分野のコンサルティングサービスを提供する事業者が存在する。申請会社は、自社のリソースが不足している分野の専門家を有効活用して上場準備を進めることが求められる。

---

20) 本書第2章2⑵⑨参照。

⑹ 銀行・生保・損保・ベンチャーキャピタル

　銀行、生命保険会社、損害保険会社、ベンチャーキャピタル、その他の投資者は、新規株式上場に伴う利益を得るために申請会社の株主として出資を行うことがある。投資者の投資方針によるが、新規株式上場時にすべての所有株式の売出しを行うことで上場時に EXIT する場合もあれば、中長期的に申請会社の株主の地位に留まり、申請会社の役員等として経営に参画する場合もある。申請会社としては、上場前の資金調達が難しい時期にこれらの投資者から出資を得ることにより、上場まで財務基盤を安定させることができるメリットがある。

〔図表 3 - 3〕　上場準備の関係者

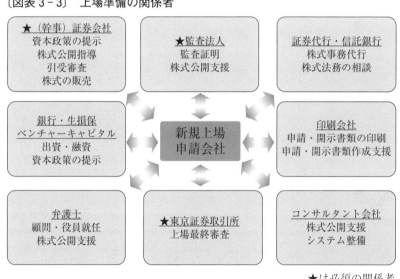

★は必須の関係者

第**4**章

上場会社の責務

◆1 情報開示制度

(1) 情報開示制度総論

　会社は、一定の情報について、一定の時期に、株主や会社債権者といった利害関係者に開示することを法律等によって強制されている。会社が自身の情報を開示する制度の機能としては、利害関係者への情報提供、利害関係者の権利行使の実質化（合理的な判断に基づく権利行使を可能にすること）、及び不正の抑止といったことを挙げることができる[1]。

　会社は事業活動を行いながら常に変動しており、会社の状況は会社自身にしか把握できない場合がある。そのため、会社の利害関係者が会社の情報を適切な時期に適切な方法で得るためには、会社に自ら開示させるという仕組みは極めて有益かつ効率的であるといえる。また、会社に対して情報公開を強制すれば、当該情報が第三者の目に晒されることとなり、会社内外の風通しを良くすることで不正の発生を防止し、その根を絶つことにもつながるであろう。

　会社情報の開示制度としては、金商法や会社法に基づく法定開示（以下両者を合わせて「法定開示」という。）、東証をはじめとする金融商品取引所の規定に基づく開示（適時開示）、会社の任意の開示が挙げられる。

　とりわけ、金融商品市場における有価証券の価値は発行体の経営状況等を反映し、時々刻々と変化する。かかる有価証券の価値評価並びに取得及び処分するかどうかの判断を投資者が適切に行うためには、投資判断に有益な開示情報が、上場会社によって広範かつ適時に公開される前提がなければならない。そこで、このような投資判断材料の提供機能を果たす制度として、金商法に基づく情報開示制度（有価証券届出書、有価証券報告書、四半期報告書等）と金融商品取引所における情報開示制度が用意されている。以下、これらの開示制度について概観する。

1）伊藤ほか282頁。

⑵ 法定開示制度

　会社情報の開示には、金商法、会社法により法律で開示を強制される開示がある。

ア　金商法に基づく情報開示制度

　金商法に基づく情報開示制度は、「投資者保護及び資本市場の健全性を確保する観点から、投資者と発行者等との間の情報の非対称性を是正し、また、資本市場における有価証券の公正な価格形成の基盤を形成する制度として、有価証券の発行者等に対して、投資者の投資判断に必要かつ十分で正確な情報を記載した開示書類の提出を義務付け、当該開示書類を公衆縦覧に供することにより、当該有価証券に対する投資判断を行うために必要な情報を広く公平に投資者と資本市場に提供するもの」と考えられている[2]。この点について、金商法第1条では、以下のとおり「企業内容等の開示の制度を整備する」と規定されている。

○金商法

第1条（目的）

　この法律は、企業内容等の開示の制度を整備するとともに、金融商品取引業を行う者に関し必要な事項を定め、金融商品取引所の適切な運営を確保すること等により、有価証券の発行及び金融商品等の取引等を公正にし、有価証券の流通を円滑にするほか、資本市場の機能の十全な発揮による金融商品等の公正な価格形成等を図り、もつて国民経済の健全な発展及び投資者の保護に資することを目的とする。

　上記金商法第1条の目的を達成するために、金商法では多岐にわたる規定が置かれているが、金商法上の開示制度については、大きくは「発行開示制度」と「継続開示制度」の2つに区別することができる。

　発行開示制度は、有価証券（金商法第2条第1項・第2項）の発行者が投資者の投資判断に有益な資料として、当該発行者にかかる正確な情報を公平に投資者に提供する制度であり、直接的には投資者保護を目的とする制

2）松尾108頁参照。

度であるが、同制度を通じて投資者による有価証券の投資判断を助けることにより、発行者による円滑な資金調達を可能とする機能も有しているとされる[3]。発行開示制度における開示書類としては、有価証券届出書（金商法第5条第1項・第5項）、発行登録書（金商法第23条の3〜23条の12）等が挙げられる。

　一方、継続開示制度とは、流通市場で取引されている有価証券の投資判断のために、発行会社がその企業内容を継続的に開示する制度である。発行開示制度が有価証券を取得しようとする投資者の保護を目的としているのに対し、継続開示制度は、有価証券の保有者及び流通市場で有価証券を取得しようとする投資者を保護する目的があるとされる[4]。継続開示制度における開示書類としては、有価証券報告書（金商法第24条第1項・第5項）、四半期報告書（金商法第24条の4の7）、臨時報告書（金商法第24条の5第4項）等が挙げられる。原則として、金商法に基づく法定開示は、EDINET[5]により開示手続きが行われる[6]。

　また、フェア・ディスクロージャー・ルール（以下「FDR」という。）は、2017年の「金融商品取引法の一部を改正する法律」において成立し、2018年4月1日から施行されている。FDRは、上場会社等の役員等が、一定の取引関係者に対して、重要情報を、その業務に関して伝達する場合には、当該上場会社等は、原則として、伝達と同時又は伝達があったことを知った後速やかに、当該重要情報を公表しなければならないとする規制

3）アドバンス金商法59頁。

4）アドバンス金商法330頁。

5）Electronic Disclosure for Investors' NETwork の略称である。「金融商品取引法に基づく有価証券報告書等の開示書類に関する電子開示システム」のことで、有価証券報告書、有価証券届出書、大量保有報告書等の開示書類について、その提出から公衆縦覧等に至るまでの一連の手続きを電子化するために開発されたシステムである。金商法上は開示用電子情報処理組織と定義されている（金商法第27条の30の2）（http://disclosure.edinet-fsa.go.jp/）。

6）厳密には、開示書類の提出手続は、EDINETの使用が強制される電子開示手続（金商法第27条の30の3第1項）と、任意でEDINETを使用できる「任意電子開示手続」（同条2項）に分類される。アドバンス金商法456頁。

である（金商法第 27 条の 36）[7]。

　イ　会社法に基づく情報開示制度

　会社法に基づく情報開示制度は、開示の機能として結果的に金融商品市場における情報提供に資することがあるが、投資判断に必要な情報を投資者に対して提供することを目的とした規定ではなく、株主及び会社債権者の権利行使保護を主たる目的とするものと考えられている。

　具体的な開示制度としては、計算書類及び事業報告（会社法第 435 条、第 442 条）並びにこれらの附属明細書等が挙げられるが、本稿では会社法に基づく個別の開示制度についての説明は省略することとする。

　なお、開示制度における金商法と会社法の関係について、両者が重複する一部の分野においてはその重複を回避するため一定の調整が図られている。例えば、前述の金商法の発行開示制度により開示が求められる情報は、会社法で要求される開示事項よりも詳細であることに鑑み、会社法は、金商法の発行開示制度が適用される場合には、会社法上の開示制度の適用を免除し、不必要な規制の重複を回避している（会社法第 201 条第 5 項、第 203 条第 4 項、第 240 条第 4 項、第 242 条第 4 項、第 677 条第 4 項）[8] [9]。

7）FDR の趣旨・意義に関しては、金融庁総務企画局から平成 30 年 2 月 6 日付の「金融商品取引法第 27 条の 36 の規定に関する留意事項について（フェア・ディスクロージャー・ルールガイドライン）」において、以下のとおり示されている。
　「法第 27 条の 36 の規定（いわゆるフェア・ディスクロージャー・ルール。以下「本ルール」といいます。）は、投資者に対する公平な情報開示を確保するために導入されたものです。また、本ルールの導入により、発行者側の情報開示ルールが整備・明確化されることで、発行者による早期の情報開示、ひいては投資者との対話が促進されるといった積極的意義があるとされています。本ルールの適用を受ける上場会社等におかれましては、本ルールの趣旨・意義を踏まえ、積極的に情報開示を行うことが期待されています。」
　金融庁総務企画局「金融商品取引法第 27 条の 36 の規定に関する留意事項について（フェア・ディスクロージャー・ルールガイドライン）」（https://www.fsa.go.jp/news/29/syouken/ 20180206-2.pdf）。
8）政府が 2017 年 6 月 9 日に閣議決定した「未来投資戦略 2017-Society 5.0 の実現に向けた改革」において、企業による情報開示の質の向上をすべく、国際的に見て最も効果的かつ効率的な開示の実現等の環境整備の検討及び取組みが掲げられた（http://www.kantei.go.jp/jp/singi/keizaisaisei/kettei.html）。

(3) 適時開示制度

ア　意義と理念

　金融商品市場の機能は、国民の有価証券による資産運用と企業の有価証券の発行による長期安定資金の調達を適切かつ効率的に結び付けることによって、国民経済の発展に資することにある。この機能が十分に発揮されるためには、市場の公正性と健全性に対する投資者の信頼が確保されていることが必要であり、有価証券について適切な投資判断材料が提供されていることが前提となる。適時開示が金融商品市場を機能させるための制度であることは、金商法に基づく法定開示と異なるところはない。

　適時開示制度は、投資者が投資判断を行ううえで必要な会社情報を、迅速、正確かつ公平に提供するために設けられている情報開示制度である。上場会社は、報道機関等を通じてあるいは TDnet[10] により直接に、広く、かつ、タイムリーに情報を伝達する必要がある。

　金融商品市場においては、時々刻々と発生する各種の会社情報によって売買が大きな影響を受けることが多いことから、適時開示は投資者にとって極めて重要なものとなっている。特に、近年のように企業を取り巻く環境の変化が著しい時代においては、最新の会社情報を迅速、正確かつ公平に投資者に提供する適時開示の重要性がより一層高まっている。

　　経済産業省は、未来投資戦略に基づき、「事業報告等と有価証券報告書の一体的開示のための取組の支援について」を 2018 年 12 月 28 日付で公表している。「国際的に見て最も効果的かつ効率的な開示の実現を目指し、関係省庁と共同して制度横断的な検討を行い、その環境整備に取り組んでいます。今般、関係省庁と連携し、事業報告等と有価証券報告書の一体的開示を行おうとする企業の試行的取組を支援するための方策の検討」を行ったと説明されており、各種制度が経済活動を阻害しないよう政府として取組みがなされているところである（https://www.meti.go.jp/press/2018/12/20181228006/20181228006.html）。
　　経済産業省は事業報告等と有価証券報告書の一体的開示 FAQ を 2021 年 1 月 18 日付で公表している（https://www.meti.go.jp/press/2020/01/20210118001/20210118001.html）。
　9）田中 482 頁参照。
10）Timely Disclosure network の略称である。東証の適時開示情報伝達システムをいう。TDnet は、公平・迅速かつ広範な適時開示を実現するために、上場会社が行う適時開示に関する一連のプロセス、すなわち東証に対する開示内容の説明、報道機関への開示（記者クラブや報道機関の本社の端末への開示資料の伝送）、ファイリング（開示資料のデータベース化）、公衆縦覧（開示資料の適時開示情報閲覧サービスへの掲載）を行うために電子化されたシステムである。

会社情報の適時開示制度は、法定開示制度と同様、その担い手である上場会社が主体的な役割を果たすものであり、上場会社各社において、会社情報の適時開示の意義・重要性についての十分な認識と開示に対する真摯な姿勢が強く期待されるとともに、適時適切な情報開示を実行するための社内体制の整備が求められる。

　これらの適時開示制度の理念は、上場規程においても規定されており、上場会社に対して誠実な業務遂行、適時適切な会社情報の開示の実践が求められている。

〇有価証券上場規程

第401条

　上場会社は、投資者への適時、適切な会社情報の開示が健全な金融商品市場の根幹をなすものであることを十分に認識し、常に投資者の視点に立った迅速、正確かつ公平な会社情報の開示を徹底するなど、誠実な業務遂行に努めなければならない。

第411条の2

　この節の規定は会社情報の適時開示等について上場会社が遵守すべき最低限の要件、方法等を定めたものであり、上場会社は、同節の規定を理由としてより適時、適切な会社情報の開示を怠ってはならない。

イ　適時開示が求められる会社情報

　適時開示が求められる会社情報とは、有価証券の投資判断に重要な影響を与える上場会社の業務、運営又は業績等に関する情報である。具体的に開示すべき項目は以下に掲げる種類に区分されるが、詳細については東証が定期発刊している「会社情報適時開示ガイドブック」[11]を参照されたい。

11）東証では、上場規程上求められる会社情報に係る開示要件や一般に開示資料に記載することが求められる内容などの適時開示実務上の取扱いや、開示手順、関係する上場諸制度の概要などを示す上場会社の実務マニュアルとして東京証券取引所上場部編『会社情報適時開示ガイドブック』を定期刊行している。

〔適時開示が求められる会社情報〕

○上場会社の情報
・上場会社の決定事実
・上場会社の発生事実
・上場会社の決算情報
・上場会社の業績予想、配当予想の修正等
・その他の情報
（投資単位の引下げに関する開示、財務会計基準機構への加入状況等に関する開示、MSCB 等の転換又は行使の状況に関する開示、支配株主等に関する事項の開示、上場廃止等に関する開示）
○子会社等の情報
・子会社等の決定事実
・子会社等の発生事実
・子会社等の業績予想の修正等

ウ　TDnet を利用した任意開示

　上場会社は、上場規程に基づく適時開示の義務を課されていない場合であっても、適時、適切な会社情報の開示の観点から、任意に開示を行うことが望ましいと考えられる。なお、TDnet を利用して任意で開示する場合であっても適時開示情報として開示される以上、当該情報は、投資判断上有用な情報として投資者に提供されるものと位置付けられ、一定の制約を受けることとなる。例えば、任意開示した事項について、当該内容を行わないことを決定した場合や、変更・訂正すべき事情が生じた場合は、当該内容を開示することが求められることとなる。

エ　法定開示との関係

　適時開示と金商法に基づく法定開示は、投資者に対して情報が提供される仕組みが異なっている。図表 4 - 1 は、適時開示と法定開示で開示される情報の流れについて概要を示したものである。

〔図表 4 - 1〕 適時開示と金商法に基づく法定開示の流れ

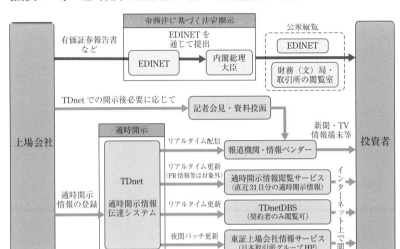

　また、適時開示の内容によっては、適時開示と併せて有価証券届出書や臨時報告書の提出といった金商法に基づく法定開示が必要となる場合があるが、一般に、適時開示には「適時性」や「速報性」が求められており、法定開示には「正確性」や「十分性」が求められていることから、それぞれの開示時期については、原則として金商法に基づく法定開示よりも適時開示を先に行うことが予定されていると考えることができる。詳細は後述する。

　オ　適時開示体制

　上場会社は、後述する「コーポレート・ガバナンスに関する報告書」において適時開示体制に関する記載が求められる。上場会社が金融商品市場において自社の有価証券を上場している以上、適時適切な情報開示を行うことは重要な責務であり、これを全うするための体制の整備・運用を図っていくことが求められる。適時開示体制は、各社が自社の開示に関する特性及びリスク等の認識・分析に基づき、明確な姿勢・方針のもとで構築していくべきものであり、この結果として構築された体制は各社各様の体制

になりうる。一般論としては、上場会社において、開示対象となる情報を適切に識別して網羅的に収集し、上場規程その他の関連諸法令・諸規則を順守しつつ、正確、明瞭かつ投資判断資料として十分な情報が記載された開示資料の作成を行い、会社として公式な承認・決定等を実施したうえで、適切な時期に、投資者の公平性等に留意した公表ができるよう、手続きを整備し、これらの手続きが可能な組織体制を構築する必要がある。

　このような適時開示体制を有効に整備・運用するためには、取締役会が開示の重要性に対する明確な姿勢・方針を打ち出し、かつ社内にこれを啓発していくこと、適時開示を適切に行ううえで達成しなければならない要点を明確化すること、整備した体制を適切に運用していくために、内部監査部門をはじめ取締役及び監査役による適時開示体制を対象としたモニタリングを行うことが重要となる。

(4)　会社の任意の開示

　法律及び上場規程等に基づいた強制的な開示ではないが、会社が自らの情報発信を目的として自らの判断で行う任意の開示がある。主な目的としては、会社の株主（潜在的株主含む）、債権者、顧客その他の利害関係者に対し、会社の事業活動の状況説明やPR等を積極的に発信する点にある。例えば、CSR報告書や環境報告書などを自発的に開示し、企業の持続可能性を対外的に発信することは、ひいては企業価値の向上につながる行為であると考えられる[12]。任意の開示の具体例としては、(3)③のTDnetを利用した任意開示及びPR情報開示のほか、記者会見や報道機関への情報提供、自社ホームページにおける情報掲載等の方法が挙げられる。

12）環境報告書について、環境省のホームページでは、企業などの事業者が「環境報告書を作成・公表することにより、環境への取組に対する社会的説明責任を果たし、利害関係者による環境コミュニケーションが促進され、事業者の環境保全に向けた取組の自主的改善とともに、社会からの信頼を勝ち得ていく」と記載されている。環境省ホームページ（http://www.env.go.jp/policy/j-hiroba/04-4.html）。

◆2 適時開示の実務の流れ

(1) 適時開示の要否の検討

　上場会社は、会社の運営、業務若しくは財産又は上場株券等に関する重要な事項であって投資者の投資判断に影響を及ぼす事実についての決定を行い又はそのような事実が発生した場合、以下の順に沿って適時開示の要否を検討する必要がある。

　ア　個別の開示項目への該当性判断

　上場会社は、会社の運営、業務若しくは財産又は上場株券等に関する重要な事項であって投資者の投資判断に影響を及ぼす事実についての決定を行い又はそのような事実が発生した場合、上場規程に基づく個別の開示項目への該当性を検討することとなる。なお、1つの会社情報が複数の開示項目に該当する場合[13]があるため、該当性判断については開示項目ごとに慎重に検討する必要がある。

　イ　軽微基準の該当性判断

　上場会社は、会社の運営、業務若しくは財産又は上場株券等に関する重要な事項であって投資者の投資判断に影響を及ぼす事実についての決定を行い又はそのような事実が発生した場合であったとしても、投資者の投資判断に及ぼす影響が軽微なものとして上場施行規則で定める基準（以下「軽微基準」という。）に該当したときには、個別の開示項目に基づく開示が不要となる。

　なお、軽微基準に該当するかどうか判断できない場合には、軽微基準には該当しない取扱いとなり、開示が必要となる。

　ウ　バスケット条項への該当性判断

　上場会社は、上記アの特定の開示項目に該当しない場合であっても、当

13）例えば、第三者割当による新株式の発行の開示項目と主要株主の異動の開示項目に該当する場合がある。

該上場会社の運営、業務若しくは財産、又は上場株券等に関する重要な事実であって、投資者の投資判断に著しい影響を及ぼす事項の決定又はそのような事実が発生した場合には、上場規程に基づく適時開示を行う必要がある（以下、当該上場規程を指して「バスケット条項」という。）。

○有価証券上場規程

第402条第1号 ar

　aから前 aq までに掲げる事項のほか、当該上場会社の運営、業務若しくは財産又は当該上場株券等に関する重要な事項であって投資者の投資判断に著しい影響を及ぼすもの

第402条第2号 x

　aから前 w までに掲げる事実のほか、当該上場会社の運営、業務若しくは財産又は当該上場株券等に関する重要な事実であって投資者の投資判断に著しい影響を及ぼすもの

　個別の開示項目に該当しない場合や、個別の開示項目に該当するものの軽微基準に該当する場合であっても、バスケット条項に該当すれば、適時開示が必要となる。

　エ　任意開示実施の判断

　上記アからウまでの検討の結果、開示義務がないと判断した場合でも、より適時・適切な会社情報の開示の観点から、上場会社においては、任意に適時開示を行うことを検討することが望ましいと考えられる。

(2)　スケジュールの確認

　ア　開示すべき時期の確認

　①　決定事実の開示時期に関する具体的な考え方

　上場会社は、上場規程に基づき、業務執行を決定する機関が重要な決定事実に該当する事項を行うことについて決定した場合、直ちにその内容を開示するよう義務付けられている。

　決定事実について実際に開示すべき時期は、取締役会決議等の形式的な側面にとらわれることなく、実態的に判断することが求められ、一般に、

業務執行を実質的に決定する機関[14]において当該事実を実行することを事実上決定した段階で開示をすることが必要となる。

　実務上は、株主総会決議事項及び取締役会決議事項は取締役会決議後直ちに、社長が決定権限を有する事項は社長による決定後直ちに適時開示を行うことが多いと考えられるが、これら以外の機関又は役職者が当該業務の執行を事実上決定していることが明らかな場合には、その決議又は決定時点における開示が求められる。株主総会決議事項についても、株主総会決議後ではなく、原則として取締役会による株主総会付議の決議後直ちに適時開示を行う必要がある点に留意する必要がある。

　なお、内部者取引規制においては、過去の判例等を踏まえると、実現に向けた作業の開始を決定した段階から重要事実に該当しうるものとして情報管理を行うことが求められるが、必ずしもこの時点において直ちに適時開示を行うことが必要となるものではない。

（例1）基本合意書等の締結を行う場合
　合併等の組織再編や子会社等の譲渡等について、最終的な契約書の締結の前に、基本合意書（Memorandum of Understanding）や契約趣意書（Letter of Intent）の締結等を行う場合がある。これらの基本合意書等を締結し、当該行為について事実上決定した場合は、その時点において適時開示を行うことが必要となる。

　ただし、例えば、これらの基本合意書等の締結が単なる準備行為に過ぎない場合や、交渉を開始するにあたっての一定の合意でしかなく、その成立の見込みが立つものではない場合、当該時点で公表するとその成立に至らないおそれが高い場合にまで、適時開示を行うことが求められるものではない。なお、これらの基本合意書等の法的拘束力や合併比率等の記載の有無をもって、直ちに適時開示の要否を判断すべきものではない点に留意されたい。

（例2）行政上の許認可の取得が必要な場合
　会社情報に関し、その実行・履行にあたって当局の認可等を必要とする場合であっても、原則として、会社として当該行為を行うことを決定した時点において開示することが必要となる。なお、こうしたケースでは、当局の認可等が

14）業務執行を実質的に決定する機関とは、会社法上の最終決定権限を有する機関を指すものではない。

実行・履行の条件である旨を開示資料に記載する必要がある。

（例3）相手方の取締役会決議が未了の場合

上場会社が、合併等の組織再編等を行う場合、上場会社の定例取締役会と相手方の定例取締役会の日程が異なる等の理由により、上場会社が取締役会決議を行った時点において、相手方の取締役会決議が未了である場合が考えられる。

もっとも、上場会社は、その業務執行決定機関による決議・決定が行われた時点で適時開示を行うことが必要であり、これは相手方の取締役会決議が未了である場合であっても異ならない。そのため、相手方の取締役会決議と同時に開示を行いたい場合には、当該上場会社が同時に取締役会決議を行う等、適時開示を見据えた日程上の配慮を行う必要がある。

② 発生事実の開示時期の具体的な考え方

上場会社は、上場規程に基づき、重要な会社情報が発生した場合は、上場施行規則で定めるところにより、直ちにその内容を開示することが義務付けられている。実際に開示すべき時期については、その発生を認識した時点で開示を行うことが必要となる。

③ 業績予想の修正等の開示時期の具体的な考え方

上場会社は、「上場会社の属する企業集団の売上高、営業利益、経常利益又は純利益について、公表がされた直近の予想値（当該予想値がない場合は、公表がされた前連結会計年度の実績値）に比較して、新たに算出した予想値又は決算において差異が生じた場合」であって、かつ、一定の基準に該当する場合は、直ちにその内容を開示することが義務付けられている（上場規程第405条第1項・第3項、上場施行規則第407条各号）。

④ 決定・発生時点で行為等の全容が決定・判明していない場合

情報の決定・発生時点では、行為の全容を決定していない場合、あるいは事実の全容が判明していない場合においても、その時点で確定・判明している事実と未確定・未判明である事実を区分したうえで、確定・判明している事実については適時開示を行う必要がある。また、その後、未確定・未判明の箇所が確定・判明した段階で、「開示事項の経過」として、順次開示する対応が求められる。

⑤　不明確な情報の真偽を明らかにする場合

　有価証券又はその発行者等に関する情報について報道又は噂が流布されている場合などにおいては、東証から上場会社に対して、流布されている情報の真偽等の照会を行うことがある。流布されている情報について上場会社が真偽を明らかにすることが必要かつ適当と東証が認める場合には、当該照会に対する回答内容について開示を求めており、この場合には、上場会社は、直ちに開示を行うことが義務付けられている。

○有価証券上場規程

第415条（会社情報に係る照会事項の報告及び開示）

1　上場会社は、当該上場会社の会社情報に関し当取引所が必要と認めて照会を行った場合には、直ちに照会事項について正確に報告するものとする。

2　前項の規定による照会に係る事実について開示することが必要かつ適当と当取引所が認める場合には、上場会社は、直ちにその内容を開示するものとする。

　イ　事前相談の要否・時期の確認

　上場会社においては、以下の開示が求められている項目のうち一定の要件（詳細については、適時開示ガイドブックの該当ページを参照されたい。）に該当する開示を行おうとする場合には、的確かつ十分な開示資料の作成を行い、後述する適時開示に関連する必要な手続きの実施を行うため、公表予定日の遅くとも10営業日前（買収防衛策の導入・発動については3週間前）までに東証に対して事前相談を行うことが必要となる。

・第三者割当
・MSCB等の発行
・買収防衛策の導入・発動
・新株予約権無償割当
・上場廃止が見込まれる株式併合
・合併等の組織再編行為
・公開買付け又は自己株式の公開買付け

・公開買付けに関する意見表明等
・全部取得条項付種類株式の全部の取得
・特別支配株主による株式等売渡請求に係る承認又は不承認
・独立性基準に該当する独立役員の指定
・不適当合併の軽微基準に該当しない吸収合併等

また、上記の開示項目のうち一定の要件に該当する場合以外であっても、東証からの要請事項と異なる開示を行う場合、前例のないスキームを検討されている場合、企業行動規範上の遵守事項[15]との関係で懸念事項がある場合など、開示上、特に考慮を要する事情があると考えられる場合には、少数株主保護の観点から開示資料において十分な説明が求められる。開示資料において説明が不足する場合には、東証から上場会社に対して追加開示の要請を行うことがあるため、上場会社においては、追加開示を回避する観点からも、時間的な余裕をもって事前相談を行う必要がある。

　ウ　適時開示に関連する手続きの要否の確認

　企業行動規範が一定の手続きの実施を上場会社に対して求めており、適時開示に際して手続きの履行状況を確認するために、証跡の徴求を行うことがある。例えば、当該行為が支配株主との重要な取引等[16]に該当する

---

[15] 上場会社には、証券市場を構成する一員としての自覚のもと、会社情報開示の一層の充実により透明性確保が求められることに加えて、投資者保護及び市場機能の適切な発揮の観点から、適切な企業行動が求められることから、有価証券上場規程において企業行動規範が制定されている。企業行動規範は、上場会社として最低限守るべき事項を明示する「遵守すべき事項」と、上場会社に対する要請事項を明示し努力義務を課す「望まれる事項」により構成されており、「遵守すべき事項」に違反した場合には、公表措置、改善報告書の徴求等の実効性確保措置の対象となる。

[16] 支配株主を有する上場会社は、当該上場会社又はその子会社等の業務執行を決定する機関が、支配株主その他施行規則で定める者が関連する重要な取引等を行うことについての決定をする場合には、当該決定が当該上場会社の少数株主にとって不利益なものでないことに関し、当該支配株主との間に利害関係を有しない者による意見の入手を行うものとするほか、必要かつ十分な適時開示を行うことが義務付けられている（上場規程第441条の2、上場施行規則第436条の3）。
　なお、「支配株主」とは、親会社又は議決権の過半数を直接若しくは間接に保有する者として施行規則で定める者をいい、（上場規程第2条第42号の2）、施行規則で定める者とは、自己の計算において所有している議決権と次の各号に掲げる者が所有している議決権とを合わせて、上場会社の議決権の過半数を占めている主要株主（親会社を除く。）をいう（施行規則第3条の2）
　⑴　当該主要株主の近親者（二親等内の親族をいう。以下同じ。）
　⑵　当該主要株主及び前号に掲げる者が議決権の過半数を自己の計算において所有している会社等（会社、指定法人、組合その他これらに準ずる企業体（外国におけるこれらに相当するものを含む。）をいう。以下同じ。）及び当該会社等の子会社
　「重要な取引等」とは、上場会社又はその子会社等の東証が定める決定事実のうち、上場会社が適時開示を行う必要があるものをいう。厳密な該当性判断は、適時開示ガイドブック

場合には、当該支配株主との間に利害関係を有しない者による意見を入手する必要がある。

　　エ　金商法に基づく法定開示書類の提出の要否及び時期の確認

　適時開示の内容によっては、適時開示と併せて 1 (2)アで述べた有価証券届出書や臨時報告書の提出が必要となる場合があることから、適時開示を行うに際しては、金商法に基づく法定開示書類の提出の要否を検討し、必要と判断した場合には、適時開示と金商法に基づく法定開示の時期に注意する必要がある。適時開示と金商法に基づく法定開示の先後関係については、原則として適時開示を行った後に金商法に基づく法定開示を行う順番と考えられる。

　例えば、上場会社の決算に関する情報[17] の開示時期についてみるに、適時開示では「事業年度若しくは四半期累計期間又は連結会計年度若しくは四半期連結累計期間に係る決算の内容が定まった場合」は、「直ちに」その内容を開示することが義務付けられている（上場規程第 404 条）。とりわけ、事業年度又は連結会計年度に係る決算については、遅くとも決算期末後 45 日以内に内容のとりまとめを行い、その開示を行うことが適当であり、決算期末後 30 日以内の開示がより望ましいとして、東証は、決算の内容の早期開示を行うよう上場会社に対し要請している。決算に関する適時開示は、言わば速報値として情報発信する機能が期待されており、監査又は四半期レビューの手続きの終了を開示の要件としていない。一方、金商法に基づく法定開示では、内国会社の有価証券報告書の提出期限は、原則として事業年度経過後 3 か月以内とされており（金商法第 24 条第 1 項）、会社法に基づく法定開示では、実務慣行[18] により決算日後 3 か月以内に定時株主総会が開催されているところ、定時株主総会の招集の通知に

　　を参照されたい。
17）法定開示における決算に関する情報は、決算期（期末・四半期）ごとに情報開示が行われることが予定されていることから、継続開示制度と分類される（松尾 112 頁、161 頁参照）。
18）決算期末後 3 か月以内に定時株主総会を実施しなければならない明文はないが、利益配当は決算期現在の株主になされるべきだとの通念に基づき、決算期末に基準日を設定する慣行が存在し、結果として決算期末から 3 か月以内に定時株主総会が開催される（会社法第 124 条第 2 項参照）ことになっている（伊藤ほか 144 頁参照）。

際して計算書類等を株主に提供しなければならず（会社法第437条）、定時
株主総会の日の2週間前から、計算書類等を会社の本店・支店（写し）に
備え置かねばならないとされている（会社法第442条第1項・第2項）。こ
れらの事実から、決算に関する情報開示の時期については、原則として、
金商法及び会社法に基づく法定開示に先立って適時開示が行われることが
想定されているといえる。

　また、上場会社が開示すべき重要な事実を決定した場合において、適時
開示では業務執行機関が「行うこと」についての決定をした場合に「直ち
に」開示することを義務付けている（上場規程第402条第1号柱書）ことに
対し、臨時報告書等の金商法に基づく法定開示では、当該行為が「行われ
ること」が業務執行決定機関において決定された場合、「遅滞なく」提出
しなければならないとされている（金商法第24条の5第4項、開示府令第
19条第2項第6号の2・第6号の3等）。

　この点、「行うこと」と「行われること」の間にどの程度の差異がある
のかについては、文言上明らかではないが、少なくとも、「直ちに」と
「遅滞なく」という規定の文言からは、金商法に基づく法定開示に先立っ
て適時開示が行われるべきであると考えることができる。なぜなら、「直
ちに」とは時間的即時性が求められるのに対し、「遅滞なく」とはできる
限り早くという意味で用いられ、正当な又は合理的な理由による遅滞は許
されると考えられているからである[19]。適時開示実務においても、上場会
社の決定事実に関しては、原則として決定があった当日中に開示すること
が要請されており、「遅滞なく」提出が求められている法定開示に比べ、
より迅速な開示対応が行われているといえる。

　ただし、例外として新株式や新株予約権の発行に伴い、有価証券届出書
を提出する場合等においては、金商法に基づく法定開示に先立ち適時開示

19）「『すみやかに』は、『直ちに』『遅滞なく』という用語とともに時間的即時性を表わすもの
　　として用いられるが、これらは区別して用いられており、その即時性は、最も強いものが
　　『直ちに』であり、ついで『すみやかに』、さらに『遅滞なく』の順に弱まっており、『遅滞
　　なく』は正当な又は合理的な理由による遅滞は許容されるものと解されている」（大阪高判
　　昭和37・12・10高刑集15巻8号649頁）。

を行った場合、金商法上の事前勧誘規制[20]に抵触するおそれがあるとして[21]、金商法に基づく法定開示が適時開示の前に行われることがある。上場会社においては、適時開示と法定開示の先後関係については、当該案件ごとに慎重に判断する必要がある。

(3) 開示資料の作成

開示資料の作成にあたっては、会社情報を適切に理解・判断するために必要な事項について記載する必要がある。

○有価証券上場規程施行規則

第402条の2（会社情報の開示の取扱い）

1　規程第402条、規程第403条及び規程第407条の規定に基づき開示すべき内容は、原則として、次の各号に掲げる内容とする。

　(1)　規程第402条第1号、規程第403条第1号及び規程第407条第2項に定める事項（以下この項において「決定事実」という。）を決定した理由又は規程第402条第2号、規程第403条第2号及び規程第407条に定める事実（以下この項において「発生事実」という。）が発生した経緯

　(2)　決定事実又は発生事実の概要

　(3)　決定事実又は発生事実に関する今後の見通し

　(4)　その他当取引所が投資判断上重要と認める事項

2　規程第402条第1号aに該当する場合で、第三者割当による募集株式等の割当てを行うときの開示は、次の各号に掲げる内容を含めるものとする。

　(1)　割当てを受ける者の払込みに要する財産の存在について確認した内容

　(2)　次のa及びbに掲げる事項（bに掲げる事項については、当取引所が必要と認める場合に限る。）

---

20) 有価証券届出書を提出する前の勧誘を禁止する規制（金商法第4条1項）である。有価証券の募集・売出しを開始するためには、有価証券の投資判断に必要な情報として定められた一定の情報を発行者が開示し、これらが公衆縦覧に供される必要があるという趣旨の規制とされる。アドバンス金商法295頁。

21) 実際には「法若しくは法に基づく命令又は取引所の定款その他の規則に基づく情報の開示」については、「企業内容等の開示に関する留意事項について（企業内容等開示ガイドライン）」第2-12-④において、取得勧誘又は売付け勧誘等に該当しない行為として整理されているが、実務では慎重に運用されている面がある。

a　払込金額の算定根拠及びその具体的な内容

b　払込金額が割当てを受ける者に特に有利でないことに係る適法性に関する監査役、監査等委員会又は監査委員会の意見等

(3)　規程第432条に定めるところにより同条各号に掲げるいずれかの手続を行う場合は、その内容（同条ただし書の規定の適用を受ける場合は、その理由）

東証は、開示項目ごとに、適時開示にあたって、記載すべき事項や、開示・記載上の注意を適時開示ガイドブックに記載している。開示資料作成にあたっては、開示様式例に沿って作成すれば、基本的には開示すべき内容を網羅することが可能となる。開示様式については、適時開示ガイドブック及び日本取引所グループホームページ（http://www.jpx.co.jp/）において電子ファイルとして掲載しており、ダウンロードすることができる。

複数の開示項目に該当する場合において、投資者が適切に理解・判断するために全体をまとめて説明することが適当と考えられるときは、一体のものとして開示資料を作成することが望ましいとされている。一方、別個に説明することが適当と考えられる場合には、関連性を記載したうえで個別に開示資料を作成することがむしろ望ましいこともあるため、開示内容に応じて方法を検討すべきである。

なお、開示した内容に虚偽が含まれている場合、投資判断上重要と認められる情報が欠けている場合、投資判断上誤解を生じせしめる場合等においては、改善報告書の徴求、特設注意市場銘柄への指定の対象となり、場合によっては上場廃止の措置にまでつながる可能性がある。そのため、上場会社は、開示資料の作成にあたって事実関係を入念に確認したうえ、記載上の誤記・記載漏れ等がないよう開示資料を正確に作成するよう留意する必要がある。

22）上場会社は、上場規程に基づき会社情報の開示を行う場合は、必ずTDnetを利用することが義務付けられている（上場規程第414条第2項）。

⑷ 適時開示の手続き

　適時開示にあたっては、開示を行う時刻の決定、TDnet 登録[22]、東証に対する開示資料の説明の実施等、実務上注意すべき手続きが多くあることから、上場会社においては、決定事実を業務執行決定機関が決定することとなった場合及び発生事実を認識した場合で、かつ、開示上不明確な点があるときはすみやかに東証に相談することが望ましいとされる。

◆3　上場会社役員の責務

　東証は、株主・投資者保護及び公正かつ健全な市場の実現のために上場会社に対して制約を課し、あるいは望ましい企業行動を促すために企業行動規範を規定している[23]。以下では、独立役員及び監査役に対する制度を概観する。

(1)　独立役員の役割

ア　独立役員の確保

　東証は、企業行動規範上遵守すべき事項として、上場会社に少なくとも１名以上の独立役員を確保することを求めている（上場規程第436条の２第１項）。独立役員とは、一般株主と利益相反が生じるおそれのない社外取締役（会社法第２条第15号に規定する社外取締役であって、会社法施行規則第２条第３項第５号に規定する社外役員に該当する者をいう。）又は社外監査役（会社法第２条第16号に規定する社外監査役であって、会社法施行規則第２条第３項第５号に規定する社外役員に該当する者をいう。）をいう。

　「一般株主と利益相反が生じるおそれのない」という要件は、上場会社が実質的に判断することを前提に、独立役員として届け出ようとする者

23）企業行動規範は、2007年の上場制度整備懇談会中間報告において「上場会社に対して、従来の適切な適時開示の履行義務に加えて、上場会社としての一般的な規範として、流通市場の機能及び株主・投資者の権利を尊重すべき旨を明確化するとともに、証券市場の構成員としての責任ある行動を求める事項を企業行動に関する行為規範として明記する方向で上場制度の整備を行うべき」「行為規範の内容としては、まず、従来から上場会社に要請してきた事項（株主総会における議決権行使の促進に向けた環境整備（株主総会の分散化並びに招集通知の早期発送、ホームページ掲載及び英訳を含む）、内部者取引の未然防止に向けた体制整備等）及び規範的要素を含む上場諸規則（買収防衛策の導入に係る尊重義務、望ましい投資単位の水準への移行及び維持に係る努力等、並びに株式分割等に係る努力等）を、新たに設けられるべき企業行動に関する規則とあわせて、行為規範として再整理することが適当である」として導入された制度である。東京証券取引所「上場制度整備懇談会中間報告」（https://www.jpx.co.jp/equities/improvements/general/tvdivq0000004uhd-att/houkoku.pdf）。

が、経営陣から著しいコントロールを受けうる者である場合や、経営陣に対して著しいコントロールを及ぼしうる者である場合には、「一般株主と利益相反が生じるおそれのない」者とはいえないとされている[24]。なお、東証は、上場管理等に関するガイドラインⅢ5.⑶の２において類型的に一般株主との利益相反の生じるおそれがある場合を規定しており、かかる独立性基準に抵触する場合は独立役員として届け出ることができないとしている。

○上場管理等に関するガイドラインⅢ5.⑶の２

施行規則第436条の２の規定に基づき上場内国株券の発行者が独立役員として届け出る者が、次のａからｄまでのいずれかに該当している場合におけるその状況

ａ 当該会社を主要な取引先とする者若しくはその業務執行者又は当該会社の主要な取引先若しくはその業務執行者

ｂ 当該会社から役員報酬以外に多額の金銭その他の財産を得ているコンサルタント、会計専門家又は法律専門家（当該財産を得ている者が法人、組合等の団体である場合は、当該団体に所属する者をいう。）

ｃ 最近においてａ又は前ｂに該当していた者

ｃの２ その就任の前10年以内のいずれかの時において次の(a)又は(b)に該当していた者

 (a) 当該会社の親会社の業務執行者（業務執行者でない取締役を含み、社外監査役を独立役員として指定する場合にあっては、監査役を含む。）

 (b) 当該会社の兄弟会社の業務執行者

ｄ 次の(a)から(f)までのいずれかに掲げる者（重要でない者を除く。）の近親者

 (a) ａから前ｃの２までに掲げる者

 (b) 当該会社の会計参与（社外監査役を独立役員として指定する場合に限る。当該会計参与が法人である場合は、その職務を行うべき社員を含む。以下同じ。）

 (c) 当該会社の子会社の業務執行者（社外監査役を独立役員として指定す

---

24) 適時開示ガイドブック。

　　　る場合にあっては、業務執行者でない取締役又は会計参与を含む。)
　(d)　当該会社の親会社の業務執行者（業務執行者でない取締役を含み、
　　　社外監査役を独立役員として指定する場合にあっては、監査役を含
　　　む。)
　(e)　当該会社の兄弟会社の業務執行者
　(f)　最近において(b)、(c)又は当該会社の業務執行者（社外監査役を独立
　　　役員として指定する場合にあっては、業務執行者でない取締役を含
　　　む。)に該当していた者

イ　独立役員の役割

①　第三者割当に関する意見

　東証は、企業行動規範における遵守すべき事項として、上場会社が第三者割当による募集株式等の割当てを行う場合（上場施行規則第435条の2で定める議決権の比率が25%以上となる場合に限る。)又は当該割当て及び当該割当てに係る募集株式等の転換又は行使により支配株主が異動する見込みがある場合に、経営者から一定程度独立した者による当該割当の必要性及び相当性に関する意見の入手を義務付けている（上場規程第432条第1号）[25]。「経営者から一定程度独立した者」とは、例えば、社外取締役又は社外監査役や第三者委員会[26][27]などが想定されており、独立役員もここに含まれる。

25）当該割当てに係る株主総会決議などによる株主の意思確認があれば、当該意見は不要である（上場規程第432条第2号）。
26）第三者委員会は、「依頼の形式にかかわらず、企業等から独立した立場で、企業等のステークホルダーのために、中立・公正で客観的な調査を行う」とされている。日本弁護士連合会「「企業等不祥事における第三者委員会ガイドライン」の策定にあたって」参照（https://www.nichibenren.or.jp/library/ja/opinion/report/data/100715_2.pdf)。
27）自主規制法人は、不祥事対応のプリンシプルとして、第三者委員会を設置する場合における独立性・中立性・専門性の確保として以下のとおり指針を示している。
　　「内部統制の有効性や経営陣の信頼性に相当の疑義が生じている場合、当該企業の企業価値の毀損度合いが大きい場合、複雑な事案あるいは社会的影響が重大な事案である場合などには、調査の客観性・中立性・専門性を確保するため、第三者委員会の設置が有力な選択肢となる。そのような趣旨から、第三者委員会を設置する際には、委員の選定プロセスを含め、その独立性・中立性・専門性を確保するために、十分な配慮を行う。また、第三者

「割当ての必要性及び相当性に関する意見」の内容については、資金調達を行う必要があるか、他の手段との比較（例えば、新株予約権の第三者割当を行う場合でいえば、借入れ、社債発行、公募増資、株式の第三者割当、新株予約権付社債の第三者割当などの他の資金調達方法との比較）で今回採用するスキームを選択することが相当であるか、同社の置かれた状況に照らして各種の発行条件の内容が相当であるかという点を中心に言及することが想定されている。

　②　支配株主との重要な取引等における意見
　東証は、支配株主を有する上場会社又はその子会社等の業務執行を決定する機関が、支配株主その他施行規則で定める者が関連する重要な取引等を行うことについての決定（以下、本項目において「当該決定」という。）をする場合に、当該決定が当該上場会社の少数株主にとって不利益なものでないことに関し、当該支配株主との間に利害関係を有しない者による意見の入手を行うものとするほか、必要かつ十分な適時開示を行うことを義務付けている（上場規程第441条の2、上場施行規則第436条の3）。
　「支配株主」とは、親会社又は上場会社の議決権の過半数を直接若しくは間接に保有する者として施行規則で定める者（上場会社の主要株主（親会社を除く。）のうち、自己の計算において所有している上場会社の議決権と、当該主要株主の近親者並びに当該主要株主又は当該近親者が議決権の過半数を自己の計算において所有している会社等（会社、指定法人、組合その他これらに準ずる企業体（外国におけるこれらに相当するものを含む。）をいう。以下同じ。）及び当該会社等の子会社が所有している上場会社の議決権の合計が過半数

委員会という形式をもって、安易で不十分な調査に、客観性・中立性の装いを持たせるような事態を招かないよう留意する。」。自主規制法人ホームページ参照（http://www.jpx.co.jp/regulation/public/nlsgeu000001igbj-att/1-01fusyojiprinciple.pdf）。
なお、第三者割当等を行う場合の第三者委員会設置の目的は主として株主に対する説明責任を果たすことであるのに対し、不祥事を調査する場合の第三者委員会設置の目的は、全てのステークホルダーに対する説明責任を果たすことであることから、第三者委員会を設置する目的が必ずしも同じとはいえないが、経営陣から独立した外部の第三者に独立性・中立性・専門性を期待して公正な意見を取得する趣旨・目的は共通するといえよう。

を占めている場合）をいう（上場規程第2条第42号の2、上場施行規則第3条の2）。

「支配株主との間に利害関係を有しない者」には、例えば、買収防衛策導入会社の実務において実施されている特別委員会に相当するような第三者委員会や、支配株主と利害関係を有しない社外取締役又は社外監査役などが想定されており、独立役員もここに含まれる。

「当該決定が少数株主にとって不利益なものでないことに関する意見」の内容については、例えば、取引等の目的、交渉過程の手続き（合併比率等に係る算定機関選定の経緯、決定プロセスにおける社外取締役又は社外監査役の関与など）、対価の公正性、上場会社の企業価値向上などの観点から総合的に検討を行ったうえで、当該決定が少数株主にとって不利益なものでないことについて言及したものが考えられる。複数の行為を伴う取引等（例えば、支配株主による公開買付けの実施後に、上場会社が株式等売渡請求等による少数株主のスクイーズアウトを行うことを予定している場合など）については、一連の行為を一体のものとみなして「意見の入手」を行うことで足りる。ただし、一連の行為とみなすことが適当でない場合にあっては、個々の行為に係る具体的な内容等を決定する際に、個別に「意見の入手」を行うことが求められる。

「必要かつ十分な適時開示」として、各決定事実の内容ごとに通常求められる開示事項に加えて、当該取引等が支配株主との取引等である旨、支配株主との取引等を行う際における少数株主の保護の方策に関する指針[28]との適合状況、公正性を担保するための措置及び利益相反を回避するための措置に関する事項、当該取引等が少数株主にとって不利益なものでないことに関する支配株主と利害関係を有しない者から入手した意見の概要を開示資料に記載する必要がある。

---

[28] 上場規程第419条及び上場施行規則第415条第1項第1号において、コーポレートガバナンスに関する報告書の取扱いとして、支配株主を有する場合は、当該支配株主との取引等を行う際における少数株主の保護の方策に関する指針を記載することが義務付けられている。

③　利益相反回避措置（支配株主との重要な取引等における措置を除く）

　上場会社は、支配株主との重要な取引等に該当しない場合において、「株式の分割又は併合」、「合併等の組織再編行為」、「公開買付け又は自己株式の公開買付け」、「公開買付け等に関する意見表明等」、「全部取得条項付種類株式の全部の取得」（以下、これらを総称して「当該行為」という。）を行うことを決定し、当該行為において類型的に利益相反を回避する必要性が高いと認められるとき、利益相反を回避するための措置としての内容を開示する必要がある[29] [30]。類型的に利益相反を回避する必要性が高いと認められるときとは、例えば以下のような場合が想定される。

- 「株式の分割又は併合」…上場廃止を見込む場合
- 「合併等の組織再編行為」…上場会社が株式交換完全子会社となる場合、株式移転設立完全親会社が新規上場申請を行わない場合、上場会社が他社に吸収合併される場合
- 「公開買付け又は自己株式の公開買付け」…上場子会社に対する公開買付けを行う場合
- 「公開買付け等に関する意見表明等」…MBO等[31] に関して意見表明を行う場合
- 「全部取得条項付種類株式の全部の取得」…上場廃止が見込まれる場合

　利益相反を回避するための措置の例としては、当該行為を行うに至る意思決定の過程において利害関係を有する取締役及び監査役の関与（議決権行使のみならず議論に参加することを含む）を排除することや、当該行為に利害関係を有しない社外監査役又は社外取締役（独立役員を含む）が関与すること、取締役会から独立した特別委員会を設置し、当該行為の実施に

29）当該措置は厳密には企業行動規範として上場規程上規定されているものではないが、適時開示における取り扱いを定めた適時開示ガイドブックにおいて対応が求められており、企業行動規範同様、少数株主の利益保護を目的としたものである。

30）特段の利益相反回避措置を講じていない場合は、その旨を記載する必要がある。

31）MBO及び支配株主その他施行規則で定める者による公開買付けをいう。

関し諮問すること、当該特別委員会に（交渉が必要な場合には）相手先との間で交渉を行うことを委嘱することなどが考えられる。

(2)　監査役の役割

　取締役をはじめとする業務執行役員が情報開示を含めた自社の業務執行について責任を負うのは当然の前提であるが、企業活動の公正性及び透明性を確保するコーポレート・ガバナンスの構築のために監査役も重要な役割を担っているといえる。監査役には、企業を取り巻くステークホルダーに対する責任を果たすことが期待されており、監査役の監査指針として公益社団法人日本監査役協会から監査役監査基準が示されているところである[32]。以下、上場会社における監査役の役割について焦点を当てて簡単に紹介することとしたい。

　ア　法定開示における監査役の法的責任

　まず、情報開示における監査役に対する社会的期待は日々大きくなっており、東京地裁平成21年5月21日判決は、有価証券報告書の虚偽記載を阻止できなかった監査役に対して金商法（旧証券取引法）上の損害賠償責任を認めている[33]。本判決では、併せて虚偽の適時開示における代表取締役等の不法行為責任についても判断し、以下のとおり判示している。

○東京地裁平成21年5月21日判決

……投資家が適切な投資判断を行う上で必要な会社情報が、迅速、正確かつ公平に提供されることは、流通市場における有価証券の公正な価格形成を確保する上で重要である。適時開示規則は、そのような趣旨に基づき、上場有価証券の発行会社（上場会社）に対して、重要な会社情報の適時開示を求めているものと理解され、適時開示において虚偽の事実を公表することは、有価証券の流通市場における公正な価格形成及び円滑な取引を害し、個々の投

---

32)　公益社団法人日本監査役協会「監査役監査基準」参照（http://www.kansa.or.jp/support/library/regulations/post-134.html）。

33)　東京地判平成21・5・21判時2047号36頁。同判決では、一部の監査役には、監査法人に対し会計処理の適正を確認する義務があるとしたうえで「相当な注意」（旧証券取引法第21条第2項第1号）を怠ったとして、虚偽記載によって生じた損害を賠償する責任（旧証券取引法第24条の4）があると判示した。判例タイムズ1306号124頁参照。

資家の利益を害する危険性の高い行為といわなければならない。そうだとすると、適時開示が法律に基づく公表でないことの一事をもって、虚偽公表をした上場有価証券の発行会社やその取締役等が法的責任を負わないものと解するのは相当ではない。適時開示を行う会社の代表取締役等は、有価証券の投資判断に重要な影響を与える会社情報について適時開示を行うに当たり、虚偽の公表を行わないように配慮すべき注意義務を負い、これを怠ったために虚偽の公表が行われ、それにより当該会社が発行する有価証券を取得した者に損害が生じた場合には、当該代表取締役等及び当該会社は、当該取得者が公表事実が虚偽であることを認識しながら当該有価証券を取得した等の特段の事情がない限り、当該損害について不法行為による損害賠償責任を負うというべきである。

　本判決は、虚偽の適時開示について、結論として監査役の虚偽の適時開示に対する不法行為責任を否定しているが、適時開示を行う代表取締役等に対して不法行為に基づく損害賠償責任が生じうるという一般論を示している。本判決では「適時開示を行う代表取締役等」が「虚偽の公表を行わないように配慮すべき注意義務」を負うと判示しているが、監査役は適時開示を行う主体ではないことから、取締役「等」の中に監査役が含まれるか否かについては必ずしも明確ではない。

　しかし、取締役が適時開示の内容について「虚偽の公表を行わないように配慮すべき注意義務」を負う以上、監査役としては、少なくとも取締役が適時開示について注意義務を適切に果たしているかを監査する義務が生じると考えることができるだろう。

　イ　第三者割当における監査役の意見

　①　意義・目的

　会社法では、特に有利な価格で募集株式の発行等[34]を行う場合は、既存株主が希薄化による経済的損失を被るおそれがあることに鑑み、取締役

---

34) 会社法における「募集株式の発行等」とは、会社の株式の引受人（株式会社に対し出資をすることを約するのを引き換えに、株主となる権利を取得した者をいう）となる者を募集し、引受人に対して新たな株式の発行又は自己株式の処分をするのと引き換えに、引受人から出資（金銭その他の財産の拠出）を受けることをいうとされている。田中479頁。

は、株主総会において当該払込金額により募集を行う理由を説明しなけれ
ばならず（会社法第199条第3項、第201条第1項）、募集事項の決定には株
主総会特別決議を要する。これらの規定は、既存株主に対し、当該募集株
式の発行等が会社経営上必要であることを説明し、株主の同意を得たうえ
で当該発行を行う趣旨と考えられている。有利発行である場合に株主総会
特別決議を経ていない場合には、株主は募集株式の発行等に関する法令違
反があると主張して、当該募集株式の発行等の差止めを請求することがで
きる（会社法第210条第1号）。募集新株予約権についても、同様の趣旨の
規定が置かれている（会社法第240条第1項、第238条第3項）。

　有利発行該当性判断にあたっては、募集株式の発行等における発行価格
を直近株価、直近1か月平均、直近3か月平均、又は直近6か月平均のい
ずれの価格との比較で考えるかによって、有利発行に該当するディスカウ
ントが生じる可能性があり、当該募集株式の発行等が有利発行に該当する
か否か、株主にとって明確とはいえない場合がある。募集株式の発行等の
効力発生までの間に会社がなぜ有利発行でないと判断したのかを明らかに
しなければ、株主は当該募集株式の発行等が株主総会決議を経ていない違
法な有利発行か否かを判断することができず、株主の差止請求権行使の機
会を奪われるおそれが生じる[35)][36)]。

　そこで、東証は、原則として、上場会社における第三者割当に対し、払
込金額の算定に採用した株価がどの株価なのか、ディスカウント率をどう
設定したのかなど、価格の算定根拠について開示文書で十分説明したうえ
で、業務執行の適法性を監査する監査役から当該第三者割当が有利発行で
ないことに係る適法性に関する意見を取得し、当該意見を開示することを
求めている。

　具体的には、上場会社が第三者割当[37)]による募集株式等[38)]の割当てを

35）　日本監査役協会「激動する経営環境下における監査役のベストプラクティス―監査役監査
　　の更なる実効性を求めて―」月刊監査役565号（2010）4頁以下参照。
36）　東京証券取引所　上場制度整備懇談会「安心して投資できる市場環境等の整備に向けて」
　　（2009）参照（http://www.jpx.co.jp/equities/improvements/general/tvdivq0000004 uhd-att/
　　seibi.pdf）。

行うときの開示において、「払込金額が割当てを受ける者に特に有利でないことに係る適法性に関する監査役、監査等委員会又は監査委員会の意見等」を記載するよう義務付けている（上場規程第402条第1号a、上場施行規則第402条の2第2項第2号b）。なお、監査役、監査等委員及び監査委員は、会社法上異なる機関であることから、上場施行規則第402条の2第2項第2号bにおいても、それぞれの機関の性質を念頭に置いた規定としているが[39]、本文中では区別せずに監査役と表記することとする。

○有価証券上場規程

第402条第1号a

　上場会社は、次の各号のいずれかに該当する場合（施行規則で定める基準に該当するものその他の投資者の投資判断に及ぼす影響が軽微なものと当取引所が認めるものを除く。）は、施行規則で定めるところにより、直ちにその内容を開示しなければならない。

(1)　上場会社の業務執行を決定する機関が、次のaからa r までに掲げる事項のいずれかを行うことについての決定をした場合（当該決定に係る事項を行わないことを決定した場合を含む。）

　　a　会社法第199条第1項に規定する株式会社の発行する株式若しくはその処分する自己株式を引き受ける者（協同組織金融機関が発行する優先出資を引き受ける者を含む。）の募集（処分する自己株式を引き受ける

37）東証は、上場規程第2条67号の2において、第三者割当とは、開示府令第19条第2項第1号ヲに規定する第三者割当をいうと定義している。

38）東証は、上場規程第2条84号の2において、募集株式等とは、募集株式並びに会社法第238条第1項に規定する募集新株予約権（処分する自己新株予約権を含む。）及びこれに相当する外国の法令の規定により割り当てる新株予約権をいうと定義している。さらに、同条84号において、募集株式とは、会社法第199条第1項に規定する募集株式及び優先出資法に規定する募集優先出資並びにこれらに相当する外国の法令の規定により割り当てる株式をいうと定義している。

39）上場施行規則では、監査等委員会設置会社又は指名委員会等設置会社の場合には、監査等委員又は監査委員の意見ではなく、監査等委員会又は監査委員会の意見を記載することを求めている。理由としては、監査役は監査役会制度の下であっても各自が独立して権限を有する独任制である一方、監査等委員及び監査委員はそれぞれの委員会の決議（多数決）によって権限を行使することになり、それぞれの機関の権限内容が異なっているためである。したがって、上場施行規則では、有利発行該当性に関する意見の取得先を監査等委員又は監査委員ではなく、監査等委員会又は監査委員会の意見としている。

者の募集をする場合にあっては、これに相当する外国の法令の規定（上
場外国会社である場合に限る。以下同じ。）によるものを含む。）若しく
は同法第238条第1項に規定する募集新株予約権を引き受ける者の募集
（処分する自己新株予約権を引き受ける者の募集を含む。）又は株式若し
くは新株予約権の売出し

〇有価証券上場規程施行規則

第402条の2第2項第2号b

2 規程第402条第1号aに該当する場合で、第三者割当による募集株式等
の割当てを行うときの開示は、次の各号に掲げる内容を含めるものとする。

⑵ 次のa及びbに掲げる事項（bに掲げる事項については、当取引所が
必要と認める場合に限る。）

b 払込金額が割当てを受ける者に特に有利でないことに係る適法性に
関する監査役、監査等委員会又は監査委員会の意見等

　なお、すべての第三者割当において監査役の意見の開示が必要というわ
けではなく、当該第三者割当の発行について株主総会の決議を経ている場
合、当該第三者割当が有利発行に該当しないことが明らかな場合[40]には、
監査役の意見の開示は不要となる。

---

40) 具体的には、決議日の直前営業日の株価、1か月・3か月・6か月遡った平均株価から計算
　　したディスカウント率を勘案して会社法上の有利発行に該当しないことが明らかであると
　　判断できる場合を想定している。一方、株式以外の新株予約権、新株予約権付社債等につ
　　いては、価格の算定に専門性を要し、有利発行該当性の判断が一般的に困難であると考え
　　られることから、株主総会特別決議を経ていない場合は全て監査役の意見の開示を要求す
　　る実務となっている。
　　また、払込金額等の発行条件を決定するにあたり、日本証券業協会「第三者割当増資の取
　　扱いに関する指針」（平成22年4月1日制定）を参考に時価の90%相当額を下回らないよ
　　うに設定しさえすれば足りると考えていると見受けられる例があるが、本来、割当予定先
　　が経済的利益を享受できる可能性、発行体の信用リスク、社債の利率を含む発行条件、割
　　当予定先が負う価格下落リスク、株式の消化可能性その他の様々な観点から十分な検討を
　　行い、総合的に判断することが望まれる。

② 意見の内容

第三者割当の適時開示で示された監査役の意見は、第三者割当が有利発行に該当するか否か、株主が会社法第210条に基づく差止請求権を行使するための判断材料として重要な意義を持つ。このため、監査役の意見の内容としては、有利発行に該当するか否かの結論のみではなく、その結論に至った理由及び背景等の判断根拠をできる限り具体的に示すことが望ましい。場合によっては、疑いの程度を明示した灰色の意見、留保付意見及び範囲を限定した意見とすることも考えられる。

なお、監査役の意見の内容については、「監査役が担保するのは、払込金額が公正価格そのものであるという実体的な結論ではなく、資金調達の意思決定過程において有利発行規制及び開示制度の趣旨を踏まえ、社内手続が適正に履践されたのか否か（判断内容に著しく不合理な点がないか否かを含む）をチェックした意見であると考えるべきであろう」との見解がある[41]。

確かに、監査役の職務権限が取締役の法律・定款違反を是正するための適法性監査にあるとして、妥当性監査には及ばないことを前提にすると、監査役はあくまで上場会社の第三者割当が有利発行であるのに株主総会特別決議を経ていないという違法がないかを判断するにとどまり、有利発行該当性を判断する主体とはならないとも考えられる。しかし、監査役が同意権及び提案権（会社法第343条第1項・第2項）等を行使する一定の状況下においては、監査役は適法性のみならず妥当性も踏まえて判断することになることから、会社法上、監査役に妥当性の判断権限が与えられている場合が存在する[42]。さらに、監査役に求められる役割が企業経営の健全性及び適正性を確保し、会社の利益や株主共同の利益に反するような取締役の業務執行を牽制する点にあると考えれば、監査役の権限を適法性監査に限定せず広く妥当性監査にも及ぼすことに問題はない。そうすると、第三

41）武井一浩＝中山龍太郎＝山中政人「第三者割当の有利発行適法性意見制度と実務対応［Ⅶ・完］」旬刊商事法務1886号（2009）24〜25頁。
42）田中305頁。

者割当における有利発行該当性の監査役の意見については、取締役が払込
金額について有利発行に該当しないと判断したプロセスの合理性に関する
判断に限られるものではなく、監査役が主体となって払込金額の有利発行
該当性について判断することも可能であろう。実際の開示実務において
も、「発行価額が割当予定先にとって特に有利な価格ではないと判断する」
と記載された監査役意見は少なくなく、表現上は監査役が払込金額の有利
発行該当性を判断しているように読むことができる開示が見受けられる。

③　割当予定先が特定引受人となる場合の監査役の意見
　第三者割当による募集株式等の割当て等により、割当予定先（会社法第
2条第4号の2に規定する親会社等を除く）が、会社法第206条の2又は第
244条の2に規定する特定引受人となる場合には、当該第三者割当に関す
る監査役、監査等委員会又は監査委員会の意見の内容（会社法施行規則第
42条の2第7号、第55条の2第7号[43]）を開示資料に記載する必要がある。

43）　会社法上、公開会社が支配権の異動を伴う株式等の割当てを行おうとする場合には、当該
　　募集株式の発行等に関する事項を株主に対し通知することが義務付けられており（会社法
　　第206条の2第1項、第244条の2第1項）、当該通知の中で割当てに関する監査役の意見
　　の記載が求められている（会社法施行規則第42条の2第7号、第55条の2第7号）。支配
　　権の変動につながりうる大量の株式の発行等は、取締役会の裁量のみに任せず、株主に判
　　断させようという趣旨である。田中489頁参照。

◆4　コーポレートガバナンス・コード

　コーポレートガバナンス・コードとは、上場会社が、株主をはじめ顧客・従業員・地域社会等の立場を踏まえたうえで、透明・公正かつ迅速・果断な意思決定を行うための実務的な枠組みであり、投資者との建設的な対話における共通基盤となる原理原則である。コーポレートガバナンス・コードは、機関投資家の行動原則であるスチュワードシップ・コードと両輪で機能し、上場会社において実効的なコーポレート・ガバナンスが実現されることを期待して策定されたものである。東証の有価証券上場規程の別添として、原則として東証上場会社に適用される。より簡潔にいえば、コーポレートガバナンス・コードは、上場会社が企業統治において参照すべき行動規範である。

　東証によれば、コーポレートガバナンス・コードは、「実効的なコーポレートガバナンスの実現に資する主要な原則を取りまとめたものであり、これらが適切に実践されることは、それぞれの会社において持続的な成長と中長期的な企業価値の向上のための自律的な対応が図られることを通じて、会社、投資者、ひいては経済全体の発展にも寄与することとなるもの」[44] と説明されている。

　本書第2章2(3)ウにおいても言及したとおり、上場会社は、上場規程により、コーポレートガバナンス・コードを実施するか、しない場合の理由を説明することが求められている。これは、どのようなコーポレート・ガバナンスが最適であるかは会社の置かれた状況によって多種多様であることから、一律にコードを義務付けるのではなく、会社が自社の状況に応じて各コードを実行するか否かを選択し、実行しない場合には投資者に対し

---

44)　東京証券取引所「コーポレートガバナンス・コード〜会社の持続的な成長と中長期的な企業価値の向上のために〜」（https://www.jpx.co.jp/equities/listing/cg/tvdivq0000008jdy-att/nlsgeu000005lnul.pdf）。

てその理由を説明することで、会社と投資者の対話を促進させ、会社の自主的、自律的な動きが強化されることが目的とされている。

日本の上場会社の性質によるものなのか明らかではないが、東証市場においては形式主義的にほとんどのコードがコンプライされるケースが多く、エクスプレイン率の低さが課題とされている。上場会社としては、各コードに対して必ずコンプライしなければ市場からネガティブに捉えられるわけではなく、会社の実態に応じたエクスプレインも重要であることを改めて認識する必要があるといえる。

また、上場会社は、上場規程により、コーポレート・ガバナンスに関する報告書においてコードの各原則の実施状況及び実施しない場合の理由を記載して提出することが義務付けられている。当該報告書は、コーポレート・ガバナンス関連情報が報告書の形で集約されるとともに、日本取引所グループウェブサイト（東証上場会社情報サービス）等を通じて公衆の縦覧に供されることで、投資者にとってのコーポレート・ガバナンス情報の比較可能性の向上を図ることを目的とするとともに、上場会社と投資者の対話を促進させ、投資者を含めたステークホルダーと適切に協働しつつ、上場会社の企業価値向上及び持続的な成長につなげることを目標とするものと位置付けられている。

2021年6月11日付でコーポレートガバナンス・コードの改訂版が東証から公表されており[45]、同日、金融庁は、「投資家と企業の対話ガイドライン」の改訂版を公表している。「投資家と企業の対話ガイドライン」は、コーポレートガバナンス・コードとスチュワードシップ・コードの附属文書と位置付けられるものであり、機関投資家と企業との対話において重点的に議論することが期待される事項を取りまとめたものである[46]。上場会社は、コーポレートガバナンス・コードの各原則を実施する場合又は実

---

45) 東京証券取引所「コーポレートガバナンス・コード～会社の持続的な成長と中長期的な企業価値の向上のために～」(https://www.jpx.co.jp/equities/listing/cg/tvdivq0000008jdy-att/nlsgeu000005lnul.pdf)。

46) 中村直人＝倉橋雄作『コーポレートガバナンス・コードの読み方・考え方〔第3版〕』（商事法務、2021）。

施しない場合のエクスプレインを行うときには、同ガイドラインの趣旨を踏まえて行う必要がある。

　なお、コーポレートガバナンス・コードは、新市場区分を想定して改訂されている[47]。これまでは本則市場は全原則、マザーズ及びJASDAQは基本原則のみという2つのコードの適用区分があったのに対して、新市場区分では、プライム市場とスタンダード市場は全原則、グロース市場は基本原則のみとしたうえで、プライム市場については一段高いガバナンスを目指した取組みが求められることから追加的な内容が加えられており、3つのコードの適用区分となると考えることができる。

　コーポレートガバナンス・コードと投資家と企業の対話ガイドラインの主な改訂内容は以下のとおりである[48]。

1．取締役会の機能発揮
・　プライム市場上場企業において、独立社外取締役を3分の1以上選任（必要な場合には、過半数の選任の検討を慫慂）
〔以下省略〕

47）https://www.fsa.go.jp/news/r2/singi/20201218.html、金融庁「「投資家と企業の対話ガイドライン」（改訂版）の確定について」（https://www.fsa.go.jp/news/r2/singi/20210611-1.html）、「コーポレートガバナンス・コードと投資家と企業の対話ガイドラインの改訂について（全体版）」（https://www.fsa.go.jp/news/r2/singi/20210406/01-1.pdf）。

48）コーポレートガバナンス・コード及び投資家と企業の対話ガイドラインの改訂にあたっては、「コーポレートガバナンス・コードと投資家と企業の対話ガイドラインの改訂について と題する提言」及び「コロナ後の企業の変革に向けた取締役会の機能発揮及び企業の中核人材の多様性の確保（「スチュワードシップ・コード及びコーポレートガバナンス・コードのフォローアップ会議」意見書（5））」における考え方を踏まえて改訂がなされていることから、コーポレートガバナンス・コードの改訂版を検討するにあたってはこれらの4つの文書を一体として読む必要があるとされる。

神田秀樹＝翁百合＝島崎征夫＝青克美＝武井一浩「2021年コーポレートガバナンス・コード改訂（上）」旬刊商事法務2266号29～30頁参照。

・金融庁「コーポレートガバナンス・コードと投資家と企業の対話ガイドラインの改訂について」と題する提言（https://www.fsa.go.jp/news/r2/singi/20210406.html）。

・金融庁「コロナ後の企業の変革に向けた取締役会の機能発揮及び企業の中核人材の多様性の確保（「スチュワードシップ・コード及びコーポレートガバナンス・コードのフォローアップ会議」意見書（5））」の公表について。

コーポレートガバナンス・コードの改訂は、東証上場会社を念頭に置いたものとされているが、「コーポレートガバナンス・コードと投資家と企業の対話ガイドラインの改訂について」と題する提言の中では、「その他の証券取引所においては、本コードの改訂案を基に、当該取引所の各市場の性格も踏まえたうえで、各市場に求められる内容を検討することが望ましい」と記載されており、東証以外の証券取引所における上場会社にも市場の性格を踏まえて適用されるべきことが記載されている。

第**5**章

上場会社に対する
実効性確保措置

◆1　日本取引所グループにおける自主規制業務

　第2章1で述べたとおり、自主規制法人は、東証から委託された自主規制業務を実施している。自主規制業務は、前述のとおり金商法及び金融商品取引所等に関する内閣府令に基づき定義されているが、とりわけ上場会社の管理に関する業務としては、①有価証券上場規程第2編第4章第2節の規定に基づく会社情報の開示に係る審査、②上場規程第2編第4章第4節の規定に基づく企業行動規範の遵守に係る審査、③上場規程第2編第5章の規定に基づく特設注意市場銘柄への指定等の実効性の確保に係る審査、④上場規程第2編第6章の規定に基づく、不適当な合併等、虚偽記載又は不適正意見等、上場契約違反等、株主の権利の不当な制限、公益又は投資者保護等の基準による上場廃止に係る審査等が挙げられる。

　東証は、自主規制法人が行うこれらの審査等の結果に基づき、上場廃止や上場会社に対する処分その他の措置等を行っている。以下では、適時開示制度に関連する審査として、上記①会社情報の開示に係る審査及び③実効性の確保に係る審査について取り扱う。

◆2 会社情報の開示に係る審査の概要

　会社情報の開示に係る審査に関する事項は、以下のとおり、上場規程第412条及び上場管理等に関するガイドラインⅡ[1] において明記されており、開示の適正性を確保する観点から審査が行われる。

○有価証券上場規程

第412条（会社情報の開示に係る審査等）

1　上場会社は、この節の規定に基づき会社情報の開示を行う場合は、次の各号に定める事項を遵守するものとする。

　(1)　開示する情報の内容が虚偽でないこと。

　(2)　開示する情報に投資判断上重要と認められる情報が欠けていないこと。

　(3)　開示する情報が投資判断上誤解を生じせしめるものでないこと。

　(4)　前3号に掲げる事項のほか、開示の適正性に欠けていないこと。

2　当取引所は、上場会社がこの節の規定に基づき行う会社情報の開示に係る審査に関して必要な事項は、上場管理等に関するガイドラインをもって定める。

○上場管理等に関するガイドラインⅡ

1　規程第4章第2節の規定に基づく会社情報の開示に係る審査（以下「開示審査」という。）は、上場会社における会社情報の開示の適正性を確保することを目的とし、その適正性を確保するために必要かつ適当と認めるときに行う。

2　開示審査は、重要な会社情報の開示について次の(1)から(5)までに掲げる観点から行う。

　(1)　開示の時期が適切か否か。

　(2)　開示された情報の内容が虚偽でないかどうか。

---

1)　上場管理等に関するガイドラインは、上場規程に基づき、上場管理等に関して必要な事項を定める適用指針である。詳しくは日本取引所グループホームページを参照されたい（http://jpx-gr.info/rule/tosho_regu_201305070043001.html）。

(3)　開示された情報に投資判断上重要と認められる情報が欠けていないかどうか。

(4)　開示された情報が投資判断上誤解を生じせしめるものでないかどうか。

(5)　その他開示の適正性に欠けていないかどうか。

　また、上場会社は、当該上場会社の会社情報に関し、東証が必要と認めて照会をした場合には、直ちに照会事項について正確に東証に報告すること、さらに、照会に係る事実について東証が必要と認める場合には、直ちにその内容を開示することが義務付けられている（上場規程第415条第1項・第2項）。

　金融商品市場における有価証券の価値は発行体の経営状況等を反映するとともに、現代社会における様々な事象の影響を受け、時々刻々と変化する。それらの情報のうち、特に上場会社に関する不明確な情報が生じた場合、取引所として適切に対応する点に当該規定の趣旨がある。実務上は、上場会社等に関する情報について報道または噂が流布されている場合に、当該情報の真偽について照会を行い、必要に応じて上場会社に対して適時開示を行うことを要請する手段、上場会社の開示に係る審査の手段など、上場会社に対する事実確認の手段として広く用いられている。

　さらに、東証から自主規制業務の委託を受けた自主規制法人も同様に上場会社に対して照会を行うこととなり、上場会社は、東証から求められた場合と同様に自主規制法人からの照会についても直ちに照会事項について正確に報告することが義務付けられている（上場規程第3条第1項・第2項）。自主規制法人の独立性を確保する方策の1つとして、自主規制法人は単独の照会を行うことが可能とされている。

◆3 実効性の確保に関する措置の概要

　上場規程では、その実効性を確保するため、上場規程の違反行為等に対して、特設注意市場銘柄への指定や、改善報告書・改善状況報告書の徴求、公表措置や上場契約違約金の徴求等の措置を講ずることができることを定めている。実効性確保措置により上場規程の実効性を高めることは、株主・投資者の利益のみならず、市場の質、レピュテーションの維持に寄与する観点から、上場会社にとっても利益があるといえる。

　なお、以下では、審査の主体について東証と自主規制法人を特に区別しないこととする。

〔実効性を確保するための措置〕

○改善措置	○ペナルティ的措置
・特設注意市場銘柄への指定 ・改善報告書・改善状況報告書の徴求	・公表措置 ・上場契約違約金

　以下に示す図表5-1は、適時開示義務（上場規程第4章第2節の規定）違反を起点とした東証の実効性確保措置のフローチャートである。

〔図表5-1〕 適時開示義務違反を起点とした実務性確保措置のフローチャート

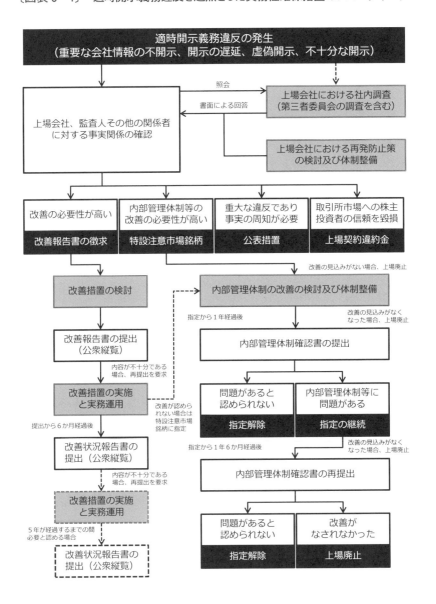

(1) 特設注意市場銘柄制度

ア 意義・目的

特設注意市場銘柄制度は、重大な上場規程違反等が生じた場合であって、内部管理体制等に高い改善の必要性が認められた上場会社に対して、投資者への注意喚起を行いつつ、将来の上場廃止の可能性を留保して適切な改善を求める措置である。同制度は、上場規程違反を防止するためのエンフォースメント手段の多様化を図るために導入された。特設注意市場銘柄に指定された上場会社は、所定の期間に事実関係や違反の原因を徹底的に解明し、その結果に基づいた抜本的な内部管理体制等の改善、構築に取り組むことが求められ、期間経過後に内部管理体制等に関する審査を受け、審査の結果、特設注意市場銘柄の指定解除、又は上場廃止の措置をとられることになる。

特設注意市場銘柄に指定された上場会社は、内部管理体制等に係る改善の方針、計画及び進捗などについて、積極的な開示を行うことが望まれる。上場会社には、改善に向けた真摯な取組みと具体的な結果を示すことが期待されるからである。

イ 特設注意市場銘柄の指定・継続

東証は、次の各号（以下に掲げる 1. ～ 5.）に掲げる場合であって、かつ、当該上場会社の内部管理体制等について改善の必要性が高いと認めるときは、当該上場会社が発行者である上場株券等を特設注意市場銘柄に指定することとしている（上場規程第 501 条第 1 項柱書）。

1. 上場会社が以下に掲げる上場廃止基準の各号に該当するおそれがあると東証が認めた後、当該各号に該当しないと東証が認めた場合（上場規程第 501 条第 1 項第 1 号）

上場規程第 601 条第 1 項第 9 号の 2	支配株主との取引の健全性の毀損
上場規程第 601 条第 1 項第 12 号	上場契約違反等
上場規程第 601 条第 1 項第 19 号	反社会的勢力の関与
上場規程第 601 条第 1 項第 20 号	公益又は投資者保護

2. 上場会社が以下に掲げる事項に該当する場合（上場規程第 501 条第 1 項

第 2 号)

　　・上場会社が有価証券報告書等に虚偽記載（上場規程第 2 条第 30 号）
　　　を行った場合
　　・上場会社の財務諸表等に添付される監査報告書又は四半期財務諸表
　　　等に添付される四半期レビュー報告書において、公認会計士等によ
　　　って、監査報告書については「不適正意見」又は「意見の表明をし
　　　ない」旨が、四半期レビュー報告書については「否定的結論」又は
　　　「結論の表明をしない」旨（特定事業会社の場合にあっては、「中間財
　　　務諸表等が有用な情報を表示していない意見」又は「意見の表明をしな
　　　い」旨を含む。）が記載された場合。ただし、「意見の表明をしない」
　　　旨又は「結論の表明をしない」旨が記載された場合であって、当該
　　　記載が天災地変等、上場会社の責めに帰すべからざる事由によるも
　　　のであるときを除く。

3．上場会社が適時開示に係る規定に違反したと東証が認めた場合（上場
　規程第 501 条第 1 項第 3 号）

4．上場会社が企業行動規範の「遵守すべき事項」に係る規定に違反した
　と東証が認めた場合（上場規程第 501 条第 1 項第 4 号）

5．上場会社が適時開示・企業行動規範に係る改善報告書を提出した場合
　において、改善措置の実施状況及び運用状況に改善が認められないと
　東証が認めた場合（上場規程第 501 条第 1 項第 5 号）

　特設注意市場銘柄に指定されている上場株券等の発行者である上場会社
は、当該指定から 1 年経過後速やかに、内部管理体制の状況等について記
載した「内部管理体制確認書」を提出することが義務付けられる（上場規
程第 501 条第 2 項）。

　東証は、上場会社より提出された内部管理体制確認書の内容等に基づき
審査を行い[2]、内部管理体制等に問題があると認められない場合には、特

2）上場会社が内部管理体制確認書の提出を速やかに行わない場合や、提出された内部管理体
　制確認書の内容が明らかに不十分であると東証が認める場合は、内部管理体制等に問題が
　あるものとして取り扱う。

設注意市場銘柄の指定の解除を行う（上場規程第501条第4項第1号）。他方、依然として上場会社の内部管理体制等に問題があると認められると東証が判断した場合、特設注意市場銘柄の指定を継続する（同条第4項第2号）。特設注意市場銘柄の指定が継続された場合、上場会社は、特設注意市場銘柄の指定から1年6か月経過後速やかに、内部管理体制確認書を再提出することが義務付けられる（同条第5項）。東証は、上場会社より再提出された内部管理体制確認書の内容等に基づき審査を行い、内部管理体制等に問題があると認められない場合には、その指定の解除を行う（同条第7項）。

　なお、特設注意市場銘柄の指定の解除に係る内部管理体制等に問題があるかどうかの審査における判断要素は、上場管理等に関するガイドラインⅢ2.において明記されている。

〇上場管理等に関するガイドラインⅢ2.

　規程第501条第3項及び第6項に規定する内部管理体制等の審査は、次の⑴から⑺までに掲げる事項その他の事情を総合的に勘案して行う。

　⑴　内部監査又は監査役による監査など、業務執行に対する監査の体制の状況及び当該監査の実施の状況

　⑵　経営管理組織又は社内諸規則の整備などの内部管理体制の状況

　⑶　経営に重大な影響を与える事実等の会社情報の管理状況及び当該会社情報に係る適時開示体制の状況

　⑷　規程第4章第4節第1款の規定の遵守を確保するための体制の状況

　⑸　有価証券報告書の作成その他会計に関する社内組織の整備及び運用の状況

　⑹　法令等の遵守状況

　⑺　特設注意市場銘柄の指定後における規程第2編第4章の規定の遵守状況

　内部管理体制等に問題があるか否かの審査にあたっては、業務執行に対する監査の体制の状況及び当該監査の実施の状況を勘案するために（上場管理等に関するガイドラインⅢ2.⑴）、状況に応じて東証から監査役にヒアリングが行うことがある。内部管理体制等の改善において、監査役の役割

に対する東証の期待は大きいといえる。

　ウ　特設注意市場銘柄指定措置経由の上場廃止措置

　特設注意市場銘柄に指定された場合において、以下のいずれかに該当する場合は、上場が廃止されることとなる（上場規程第601条第1項第11号の2b、c、d、e）。

- ・　特設注意市場銘柄指定後、内部管理体制確認書の提出にかかわらず、上場会社の内部管理体制等について改善の見込みがなくなったと東証が認める場合
- ・　特設注意市場銘柄指定が継続された場合において、内部管理体制確認書の提出前に上場会社の内部管理体制等について改善の見込みがなくなったと東証が認めるとき
- ・　特設注意市場銘柄指定が継続された場合において、内部管理体制確認書が再提出された後に、上場会社の内部管理体制等について改善がなされなかったと東証が認めるとき

　なお、以下のいずれかに該当する場合は、特設注意市場銘柄に指定されることなく、上場廃止となる。

- ・　上場会社が上場規程第501条第1項第2号の虚偽記載又は不適正意見等に該当した場合であって、直ちに上場廃止としなければ市場の秩序を維持することが困難であることが明らかであると東証が認めるとき（上場規程第601条第1項第11号）
- ・　特設注意市場銘柄に指定されるべき事実が認められる場合であって、かつ、上場会社の内部管理体制等について改善の見込みがないと東証が認めるとき（上場規程第601条第1項第11号の2a）

　「直ちに上場廃止としなければ市場の秩序を維持することが困難であることが明らかなとき」とは、例えば、上場前から債務超過であったなど虚偽記載により上場基準の著しい潜脱があった場合や、実態として売上高の大半が虚偽であったなど虚偽記載により投資者の投資判断を大きく誤らせていた場合など、そのまま当該銘柄の上場を維持すれば金融商品市場に対する投資者の信頼を著しく毀損すると認められる場合が想定される。

内部管理体制等について「改善の見込みがない」と認められる場合とは、例えば、以下のような場合が想定される。

- 再発防止のための検討を行わない旨を明らかにしている場合
- 事実関係の究明や再発防止のための検討の実施者に就任予定の者に問題事案への関与の疑いがある場合
- 事実関係の究明のための調査対象、期間等が、問題事案の全貌を解明し、適正な再発防止のための検討材料を提供する目的に照らして明らかに不足していると認められる場合
- その他事実関係の究明や再発防止のための方針が著しく実行可能性を欠くと認められる場合

エ　特設注意市場銘柄制度における審査事項の明確化

特設注意市場銘柄に指定された上場会社に係る「改善の見込み」の審査においては、「再発防止に向けた改善計画の進捗状況」を勘案することを明確化される旨の改正がなされており、2020年11月1日から施行されている（上場管理等に関するガイドラインⅣ4．(2)）[3]。

(2)　改善報告書制度及び改善状況報告書制度

ア　適時開示・企業行動規範に係る改善報告書

改善報告書制度は、特設注意市場銘柄の指定には至らないが、東証が改善の必要性が高いと認めた上場会社に対して改善を求める措置である。同制度は、上場規程違反行為が行われた場合に、上場会社が当該違反行為の問題点を正確に認識し、明確にその改善の計画を立てた報告書（以下「改善報告書」という。）を作成することにより、当該上場会社における同様の違反行為の再発防止を目的とする。

東証は、以下に掲げる場合において、改善の必要性が高いと認められるときには、上場会社に対して、その経緯及び改善措置を記載した報告書の

---

3) 日本取引所グループ「資本市場を通じた資金供給機能向上のための上場制度の見直しに係る有価証券上場規程等の一部改正について」（市場区分の再編に係る第一次制度改正事項）（https://www.jpx.co.jp/rules-participants/rules/revise/nlsgeu0000051qdc-att/gaiyou.pdf）。

提出を求めることとしており、上場会社に対して、速やかに改善報告書の提出を行うことを義務付けている（上場規程第502条第1項・第3項）。

- 　上場会社が適時開示に係る規定に違反したと東証が認める場合
- 　上場会社が企業行動規範の「遵守すべき事項」に係る規定に違反したと東証が認める場合

　東証は、提出された改善報告書の内容が明らかに不十分であると認める場合には、当該上場会社に対してその変更を要請し、当該改善報告書の再提出を求めることとしており、その場合にも、上場会社は、速やかに改善報告書の提出を行うことが義務付けられている（上場規程第502条第2項・第3項）。提出された改善報告書は公衆の縦覧に供されることになっており、日本取引所グループウェブサイト等を通じて広く提供されることとなる（同条第4項）。

　なお、改善報告書を徴求するか否かの判断要素は、上場管理等に関するガイドラインⅢ3.において明記されている。

○上場管理等に関するガイドラインⅢ3.

　規程第502条第1項の規定に基づく改善報告書の徴求の要否の判断は、次の(1)及び(2)に掲げる場合においては、当該(1)及び(2)に定める事項その他の事情を総合的に勘案して行う。

(1)　規程第502条第1項第1号に掲げる場合

　　a　適時開示等された情報についての投資判断情報としての重要性

　　b　上場会社が規程第4章第2節の規定に違反した経緯、原因及びその情状

　　c　過去における規程第4章第2節の規定の遵守状況等

〔以下省略〕

　例えば、以下のいずれかに該当する場合には、改善報告書徴求の判断要素として勘案し、原則として改善報告書を徴求することとなる。

- 　過去2年間に、不適正な情報開示（開示遅延、開示内容の不備等）が認められ、改善報告書を徴求するに至らないが、改善の必要性はあ

ると東証が認め、その経緯及び改善策を記載した書面（以下「経緯書」という。）4)を提出した上場会社が、同程度以上の規則違反を犯した場合

・　過去5年間に、改善報告書を提出した上場会社が、再度の規則違反を犯した場合

　また、東証が上場会社に対して不適正な開示に関する経緯書を徴求したにもかかわらず、同書面が速やかに提出されない場合（通常2週間程度）又は経緯書の記載内容が明らかに不十分な場合には、改善報告書徴求の判断要素として勘案し、原則として改善報告書を徴求することとなる。

　なお、改善報告書の提出が求められた場合において、以下のいずれかに該当する場合は、上場契約について重大な違反を行ったものとして、上場が廃止されることとなる（上場規程第601条第1項第12号）。

・　上場会社が、改善報告書の提出を速やかに行わない場合において、東証が、改善報告書の提出等に関する通知を行い、当該書面の提出期限を設定したにもかかわらず、当該期限までに上場会社が改善報告書の提出の求めに応じないとき（上場施行規則第601条第11項第1号）

・　上場会社に対して改善報告書の提出を求めたにもかかわらず、会社情報の開示の状況等が改善される見込みがないと東証が認めた場合（同項第2号）

イ　適時開示・企業行動規範に係る改善状況報告書

　上場会社が、改善報告書を提出した場合は、当該改善報告書の提出から6か月経過後速やかに、改善措置の実施状況及び運用状況を記載した改善状況報告書を東証に提出することが義務付けられている（上場規程第503条第1項）。また、当該改善報告書の提出から5年が経過するまでの間に

---

4)　経緯書の徴求は、改善報告書徴求措置には至らないが、不適正な開示に至った経緯、原因等について上場会社が作成した報告書を徴求する取扱いである。上場規程第415条第1項に基づき、東証が上場会社に対して照会を行い、書面により報告を求めている。

東証が必要と認める場合は、改善措置の実施状況及び運用状況に関して改善状況報告書を提出することが義務付けられている（同条第2項）。提出された改善状況報告書は、公衆の縦覧に供されることになっており、日本取引所グループウェブサイト等を通じて広く提供されることとなる（同条第4項）。

なお、改善報告書の提出がされた場合、改善措置の実施状況及び運用状況の確認のため、必要な資料の徴求や閲覧、照会、面談等を実施し（上場規程第503条第5項）、改善状況報告書の記載内容が明らかに不十分であると東証が認めるときなどには、新たに改善報告書の提出を求めることとしている（同条第6項第2号・第7項・第3項）。

ウ　書類の提出等に係る改善報告書

東証は、上場会社が上場規程に基づく書類の提出等又はマザーズ若しくはJASDAQグロースの上場会社においては上場規程に基づく説明会等の開催を適正に行わなかった場合において、改善の必要性が高いと認めるときは、上場会社に対して、改善報告書の提出を求めることができることとしており、その場合、上場会社は、速やかに改善報告書の提出を行うことが義務付けられている（上場規程第504条第1項）。

また、東証は、提出された改善報告書の内容が明らかに不十分であると認める場合には、当該上場会社に対してその変更を要請し、当該改善報告書の再提出を求めることとしており、その場合にも、上場会社は、速やかに改善報告書の提出を行うことが義務付けられている（上場規程第504条第2項）。

エ　第三者割当等に関する確約に係る改善報告書

東証は、上場会社が、上場規程第422条の規定に基づく第三者割当により割り当てられた募集株式の譲渡の報告に係る確約等に関し、募集株式の譲渡の報告及びその確約等を適正に行わなかった場合には、上場会社に対して、改善報告書の提出を求めることができることとしている（上場規程第505条第1項）。また、提出された改善報告書は、東証が必要かつ適当であると認めるときは公衆の縦覧に供することとしている（同条第2項）。

(3) 公表措置

公表措置とは、上場会社の上場規程違反行為を公表することで[5]、市場における当該違反行為の再発防止を目的とする制度である。特設注意市場銘柄の指定及び改善報告書の徴求が改善を促す措置であるのに対し、公表措置及び後述する上場契約違約金は、違反行為にペナルティを科すという措置と整理できる。

東証は、以下に掲げる場合であって、必要と認めるときは、その違反行為について公表措置を講ずることができることとしている（上場規程第508条）。

- ・ 上場会社が適時開示に係る規定に違反したと東証が認める場合
- ・ 上場会社が企業行動規範の「遵守すべき事項」に係る規定に違反したと東証が認める場合
- ・ 上場会社が会社法第331条、第335条、第337条又は第400条の規定に違反した場合

公表措置の要否の判断要素は、上場管理等に関するガイドラインⅢ4.において明記されている。

○上場管理等に関するガイドラインⅢ4.

上場会社が規程第4章第2節の規定に違反した場合における規程第508条第1項の規定に基づく公表及び規程第509条の規定に基づく上場契約違約金の徴求の要否の判断は、次の(1)から(3)までに掲げる事項その他の事情を総合的に勘案して行う。

(1) 適時開示等された情報についての投資判断情報としての重要性

(2) 上場会社が規程第4章第2節の規定に違反した経緯、原因及びその情状

(3) 当該違反に対して当取引所が行う処分その他の措置の実施状況

---

5) 実際には、上場会社の違反行為の公表のみならず、当該違反行為に対する東証の改善措置も併せて行われることが多い。

企業行動規範の「遵守すべき事項」に係る規定違反については同ガイドラインⅢ第5項において明記されているが、本書では省略することとする。

(4) 上場契約違約金

　上場契約違約金制度とは、上場規程違反に対する上場契約上の違約金を課す措置である。上場契約違約金は、上場規程の実効性を高めることを目的とし、市場に対する株主・投資者の信頼が毀損したと認める違反行為を適用対象としている。

　東証は、以下に掲げる場合において、上場会社が市場に対する株主及び投資者の信頼を毀損したと東証が認めるときに、上場会社に対して、上場契約違約金の支払いを求めることができることとしており、支払いを求めた場合は、その旨を公表することとしている（上場規程第509条第1項）。

- ・　上場会社が適時開示に係る規定に違反したと東証が認める場合
- ・　上場会社が企業行動規範の「遵守すべき事項」に係る規定に違反したと東証が認める場合
- ・　その他上場会社が上場規程その他の規則に違反したと東証が認める場合

　上場契約違約金の徴求の要否の判断は、公表措置の要否の判断において勘案するものと同一の事項その他の事情を総合的に勘案して行うこととしている。違反行為に対して公表措置を適用するか上場契約違約金を徴求するかについては、市場に対する株主及び投資者の信頼を毀損したか否か、毀損の程度で判断することになる。

　同制度は、上場規程の実効性を高めることが主な目的であるため、軽微な違反行為についてまで適用対象とすることは想定されていない。

　上場契約違約金の適用対象となりうる違反行為としては、特設注意市場銘柄に指定されている上場会社において再度不適切な会計処理が判明する等して過去に訂正した過年度の決算短信の再度の訂正を行うに至った場合や、希薄化率が25％以上となる又は支配株主の異動を伴う第三者割当を

行う際に必要な手続き（上場規程第432条）を行わない場合等がある。これらは、適時開示義務や企業行動規範に違反するものであり、ある上場会社によってかかる行為が行われると、市場及び上場会社一般の信頼を毀損することにつながり、ひいては東証が損害を被ることが考えられることから、上場契約違約金の適用対象となりうる。

　東証は上場契約違約金のテーブルを明示しており、その金額は図表5-2により上場株券等の市場区分等及び上場時価総額ごとに算出される金額となる（上場施行規則第504条第1号）。

〔図表5-2〕

市場区分等／上場時価総額[6]	市場第一部	市場第二部	マザーズ	外国株券等（当取引所を主たる市場とする場合及びJASDAQの上場会社を除く）
50億円以下	1,920万円	1,440万円	960万円	240万円
50億円を超え250億円以下	3,360万円	2,880万円	2,400万円	480万円
250億円を超え500億円以下	4,800万円	4,320万円	3,840万円	960万円

---

6) 上場時価総額は以下のとおり計算する。
　　内国株券等については、上場契約違約金の徴求を決定した日の直前に到来する12月の売買立会の最終日における最終価格（当該日の売買立会において売買が成立していない場合には、売買の成立した直近の日の売買立会における最終価格）と毎年12月末日の上場内国株券等の数を用いて計算する。ただし、上場契約違約金の徴求を決定した日が上場後最初に到来する12月の売買立会の最終日より前の場合は、上場日における上場時価総額を用いて計算するものとする。なお、株式分割、株式無償割当て又は株式併合がある場合の調整は、当取引所が定めるところによる。
　　外国株券等については、上場契約違約金の徴求を決定した日の直前に到来する各上場外国会社の事業年度の末日の売買立会における最終価格（当該日の売買立会において売買が成立していない場合には、当該日における基準値段）と当該日の上場外国株券等の数を用いて計算する。ただし、上場契約違約金の徴求を決定した日が上場後最初に到来する事業年度の末日より前の場合は、上場日における上場時価総額を用いて計算するものとする。
　　上場契約違約金の支払いを求められた上場会社は支払いを求められた日が属する月の翌月末日までに所定の手続きに従って当該金額を支払わなければならない。また、支払期日までに支払わない場合には、遅延損害金請求の対象となる。

500 億円を超え 2,500 億円以下	6,240 万円	5,760 万円	5,280 万円	1,200 万円
2,500 億円を超え 5,000 億円以下	7,680 万円	7,200 万円	6,720 万円	1,440 万円
5,000 億円を超え るもの	9,120 万円	8,640 万円	8,160 万円	1,680 万円

市場区分等 上場時価総額	JASDAQ
1,000 億円以下	2,000 万円
1,000 億円を超え るもの	2,400 万円

第**6**章

上場制度に関する
部分的考察

◆1 上場規程の法的効力

　本書では可能な限り有価証券上場規程を参照することとしているが、上場規程の位置付け及び法的効力はどのようなものか。上場規程の根拠体系、効果、範囲に関して簡単に検討してみたい。

(1)　上場規程の概要

　まず、上場規程の概要についてみるに、上場規程は日本取引所グループの東京証券取引所の定款等諸規則のページで公衆縦覧に供されており、インターネット上で誰でも参照することができ[1]、また、日本取引所グループ諸規則集として刊行物としても販売されている[2]。上場規程は日本取引所グループ諸規則集上、東京証券取引所第1編第6章に置かれている。

　概要、「新規上場」の第2章では東証市場への上場において必要となる審査基準、手続き等が、「上場管理」の第4章では適時開示義務、企業行動規範等が、「実効性の確保」の第5章では上場規則の実効性確保のために上場規程違反に対する措置等が、「上場廃止」の6章では上場を維持するための必要最低限の要件や上場廃止手続きが定められている。

○有価証券上場規程目次
第1編　総則（第1条–第8条）
第2編　株券等
　第1章　総則（第101条–第103条）
　第2章　新規上場
　　第1節　総則（第201条–第203条）
　　第2節　本則市場への新規上場（第204条–第210条）
　　第3節　マザーズへの新規上場（第211条–第216条）

---

1)　日本取引所グループ HP（http://jpx-gr.info/）。
2)　日本取引所グループ HP（https://www.jpx.co.jp/learning/tour/books-brochures/detail/01.html）。

　上場規程は、金商法にその根拠を有する規定である。金商法では、ま
ず、金融商品取引所の免許申請にあたって提出すべき申請書に業務規程を
添付するように規定をし（金商法第81条第2項）、当該業務規程に関する
細則を定めることが金融商品取引所の義務となっている（金商法第117
条）。業務規程に関する細則に関する定め方は特に金商法上規定されてい
ないことから、細則の具体的な中身については金融商品取引所の自主規制

に委ねていると考えられる。

〇金商法

第117条（業務規程の記載事項）

　金融商品取引所は、その業務規程において、その開設する取引所金融商品市場ごとに、当該取引所金融商品市場における次に掲げる事項（会員金融商品取引所にあつては、第一号及び第二号を除く。）に関する細則を定めなければならない。

　一　取引参加者に関する事項

　二　信認金に関する事項

　三　取引証拠金に関する事項

　四　有価証券の売買に係る有価証券の上場及び上場廃止の基準及び方法

　五　有価証券の売買又は市場デリバティブ取引の種類及び期限

　六　有価証券の売買又は市場デリバティブ取引の開始及び終了並びに停止

　七　有価証券の売買又は市場デリバティブ取引の契約の締結の方法

　八　有価証券の売買又は市場デリバティブ取引の受渡しその他の決済方法

　九　前各号に掲げる事項のほか、有価証券の売買又は市場デリバティブ取引に関し必要な事項

　2　省略

　このように、金商法は金融商品取引所に対して業務規程の細則としての上場規程を規定するよう義務を課しているが、上場会社に対して上場規程を遵守すべき事項が規定された直接的な条文は存在しない。

　上場会社に対して上場規程の効力を及ぼす根拠は上場契約である。申請会社が東証から上場承認されると、次の様式[3]の株券上場契約書を差し入れることとなり、かかる上場契約書に上場規程を遵守すること及び取引所の措置に従うことが記載されている。

---

3) 日本取引所グループ「提出書類フォーマット」（https://www.jpx.co.jp/equities/listing-on-tse/format/00-01.html#heading_00）。

株券上場契約書

年　月　日

株式会社東京証券取引所
代表取締役社長　殿

本店所在地 ＿＿＿＿＿＿＿＿＿

会　社　名 ＿＿＿＿＿＿＿ 印

代表者の

役職氏名 ＿＿＿＿＿＿＿ 印

＿＿＿＿＿＿＿＿＿（以下「会社」という。）は、その発行する株券を上場するについて、株式会社東京証券取引所（以下「取引所」という。）が定めた次の事項を承諾します。

1. 取引所が現に制定している及び将来制定又は改正することのある業務規程、有価証券上場規程、その他の規則及びこれらの取扱いに関する規定（以下「諸規則等」という。）のうち、会社及び上場される会社の株券（以下「上場株券」という。）に適用のあるすべての規定を遵守すること。
2. 諸規則等に基づいて、取引所が行う上場株券に対する上場廃止、売買停止その他の措置に従うこと。

　上場契約といっても双方向の契約ではなく、上場会社のみが義務を課される差入形式の契約となっている。そうすると、上場会社としては一方的に課される上場規程の内容が取引所の恣意的な内容となっていないか、過度に上場会社に負担を課す内容となっていないか懸念が生じるところであるが、上場規程には形式面と実質面の両方から濫用防止の措置が取られている。形式面に関しては、有価証券上場規程の策定と変更に関しては金融

庁⁴⁾の認可が必要とされており（金商法第149条第1項）、公益又は投資者保護のため必要かつ適当と金融庁が認めるときは、取引所に対して規則の変更を命ずることができる仕組みがあることから（金商法第153条）⁵⁾、上場規程の内容には金融庁のコントロールが及んでいるといえる。また、実質面に関しては、東証が規則改正を行う場合には、事前に上場制度整備懇談会⁶⁾などを組成し、利害関係者と十分に議論をし、加えて対外的にパブリックコメントを行い、寄せられた意見に対して回答を付し、必要があれば原案修正を行う手続きがとられている。このように、規則改正にあたっては慎重な利害調整を行う実務運用となっており、事実上東証の恣意的な規則改正がなされない仕組みが構築されているといえるだろう。

(2)　上場規程の守備範囲

　次に、いかなる内容を上場規程で規定することが許されるか。その守備範囲が問題となる。この点に関しては、2009年6月の金融庁の金融審議会「我が国金融・資本市場の国際化に関するスタディグループ報告」⁷⁾が参考になる。

---

4) 金商法第194条の7において、内閣総理大臣は権限を金融庁長官に委任すると規定されており、実質的には金融庁が権限を行使しているといえる。

5) 実例として、2004年3月18日に東証マザーズに上場した株式会社アルデプロが上場直後の4月8日に、東京都から宅地建物取引業者免許の取消処分を受けたことにより、同社の主力業務である中古マンション販売事業が行えない状況となったことを受け、金融庁が東証のアルデプロ社に係る上場審査及び上場管理の状況を確認したところ、問題点が認められるとして、上場審査業務体制と管理業務体制を改善する旨の業務改善命令を出している（https://www.fsa.go.jp/news/newsj/15/syouken/f-20040524-1.html）。

6) 東証は、上場制度の整備にあたって、多様な利害関係者の意見を十分に踏まえ、透明性の高い検討を行う場として、学識経験者、上場会社、機関投資家、証券会社等を委員とした「上場制度整備懇談会」を2006年9月に設置し、以降、上場諸規則に関わる実効性確保手段の整理や、コーポレート・ガバナンスを取り巻く環境の整備など、上場制度に関わる様々な課題について審議が行われている（https://www.jpx.co.jp/equities/improvements/general/）。

7) 金融審議会金融分科会「我が国金融・資本市場の国際化に関するスタディグループ」報告の公表について（https://www.fsa.go.jp/singi/singi_kinyu/tosin/20090617-1.html）。

金融審議会・金融分科会「我が国金融・資本市場の国際化に関するスタディグループ 報告」（抜粋）

Ⅴ．上場会社等のコーポレート・ガバナンスに係る規律付けの手法

　上場会社等においては、市場を通じて不特定多数の投資者から資金調達を行う存在として、一般の会社以上に高度な水準のコーポレート・ガバナンスの発揮が求められる。こうした観点から、上場会社等のコーポレート・ガバナンスを特に規律付けする公開会社法制の構想が近年、有力に唱えられている。中長期的に市場型金融により軸足を移した金融システムへの転換が進められる中で、上場会社等による株式会社制度の適正な利用を確保し、資本市場の機能の十全な発揮を図っていくことは極めて重要な課題である。また、このことは、資本市場の主役が本来、究極的な投資者である個人＝市民であるとすれば、株式会社制度の濫用等から市民社会を守るという面でも重要な意義を持つものであると捉えることができる。

　一方で、我が国の法制は、現に、会社に関する私法的な権利義務関係を規律する民事法である会社法と市場ルールの観点から市場の参加者等を規律する金融商品取引法との適切な組み合わせの中で、株主・投資者の保護を図ってきたところであり、こうした構想に基づいて、現在直ちに、例えば、「公開会社法」といった法律を整備するということについては、なお克服すべき課題があるとの指摘があろう。

　特に、民事法である会社法と市場ルールの観点から規律する金融商品取引法とでは、その適用範囲や効果、さらにはエンフォースメントの手法が大きく異なることから、どの手法による規律付けが最も効果的かという点については、このような観点から、問題に応じて冷静な吟味が必要になることに留意する必要がある。

　したがって、上場会社等のコーポレート・ガバナンスをめぐる法制のあり方については、引き続き幅広く検討を行っていく必要があるが、同時に現在、会社法制による規律と金融商品取引法制等による規律との間には、必ずしもうまくかみ合っていない部分があり、結果として、規律の重複やすき間を生む結果となっているのではないかとの指摘もある。さまざまな分野における両者の規律の整合性を丹念に分析・検討し、過不足のない株主・投資者保護を地道に図っていく努力は、今後も重ねられていく必要があろう。

本スタディグループでは、上場会社等のコーポレート・ガバナンスに関して、取引所ルールによる規律付けの役割についても突っ込んだ議論が行われた。

　この点については、①時として、こうした会社法制の根幹に関わる事項について、取引所ルールで規律を加えるのは適切でないとの議論が行われることがあるが、市場運営の適正を確保するという取引所本来の役割を果たすため、取引所がそのルールによって、会社法制との整合性を保ちつつ、適切な規律付けを行うことは極めて重要なことであり、かつ取引所の使命でもある[8]。また、市場を自ら開設し、市場に最も近いところにいる取引所が規律付けを行うことにより、機動的できめ細かなルールの整備と、日常の上場管理等を通じた実効的なルールの執行が可能になるとも考えられる。

　なお、取引所ルールについては、従来、法の補完ということが強調された結果、その内容面においても法令と比べ劣ってよいものと受け止められがちであったのではないかとの指摘がある。本来、取引所ルールについては、上場会社を念頭に、特に質の高い規律付けが求められることを指摘しておきたい。

　さらに、②従来、取引所ルールは、基本的に上場会社と市場仲介者を規律するものとされ、市場参加者である投資者自身を直接、規律することは行われてこなかった。しかしながら、例えば、企業買収等をめぐる適正の確保や、本報告書で取り上げた投資者による適切な議決権行使の確保の要請等の例にかんがみれば、今後、取引所が市場開設者として、市場参加者である投資者を直接、規律していくことが適切なケースも想定される。取引所による規律付けのあり方については、今後とも、関係者において、幅広い検討が求められる。

（下線と番号は著者によるもの）

---

[8]　金融商品取引法上、取引所は、取引所金融商品市場における有価証券の売買及び市場デリバティブ取引を公正にし、投資者を保護するため、証券会社や上場会社を適切に規制することが義務付けられており、上場会社に対して適切な規律付けを行い、高い水準のコーポレート・ガバナンスを確保することは、取引所の業務の重要な部分を占めるものであると解される。

問題意識としては、上場規程は金商法から委任を受けた自主規制として、あくまで市場ルールの形成のために規定されるもので、よりよい株式会社制度の構築を目的とする規定を置くことに問題はないのか、そのような規制は民主主義の手続きを経て法として制定される会社法に委ねられるべきではないのかというものである。これらの点に関して金融審議会は「市場運営の適正を確保するという取引所本来の役割を果たすため、取引所がそのルールによって、会社法制との整合性を保ちつつ、適切な規律付けを行うことは極めて重要なことであり、かつ取引所の使命でもある」（下線部①）として許容されるのだと最終的に取りまとめており、この考え方が現在の実務を支えているものと思われる。

　理屈としても、会社法が規定していない事項について、会社法は各会社の任意に委ねており、上場規程で会社法に上乗せする規制を設けたとしても会社法はそれを禁止することはしていない、また、少なくとも会社法が規定していない事項のうち、上場会社が投資家に影響を与える事項については、金商法が規律対象として関心を持っている事項であることから、金商法の委任を受けている上場規則が会社制度に規律を及ぼすということはあってよいという考え方もあり[9]、説得的な説明がなされている。

　この点、2014 年の会社法改正における法制審議会の附帯決議において、社外取締役に関する規律を取引所の規則で検討すべきことが会社法制の見直しに関する要綱・附帯決議 1 で決議されており[10]、実際に会社法改正における議論の中である制度を取引所ルールに置くことが要請されている。この事実からも取引所規則で会社法の上乗せ規制を策定することは、既に実務として動いており、少なくとも行政においては許容されているものといえそうである。

　最後に、興味深いのは、取引所ルールを市場参加者である投資者に対しても直接規律することを示唆している点である（報告書下線部②）。現時点

 9）松井秀征「上場会社への規律としての上場規則」（日本取引所グループ金融商品取引法研究会 2019 年 4 月 26 日報告記録、資料）。
10）法務省法制審議会 167 回会議（https://www.moj.go.jp/shingi1/shingi03500016.html）。

においてまだ投資者に有価証券上場規程が直接適用されたケースはないと理解しているが、今後の議論の行方を注視したい[11]。

なお、本書では詳細は割愛するが、上場規程に関する具体的な手続き、取扱いを定めるために有価証券上場規程施行規則[12]、上場審査等に関するガイドライン[13]、上場管理等に関するガイドライン[14]が東京証券取引所第2編諸規則内規第6章に有価証券上場規程関係として規定されており、こちらも実施細則、指針として重要な意味を持っている。

〇有価証券上場規程施行目次

第1編　総則（第1条-第9条）

第2編　株券等

　第1章　総則（第101条）

　第2章　新規上場

　　第1節　新規上場申請等（第201条・第202条）

---

11) 投資者に上場規程を直接適用させる必要がある規定として考えられるものとして公開前規制がある。本書第2章2(4)において説明したとおり、東証は株式公開の公正性を確保する観点から公開前規制、いわゆるロックアップ規制を上場会社に課している。しかし、当該規制は上場会社に対して直接規制するものであり、株主に対しては当該上場会社を通じた間接的な規制（株主の上場会社に対する継続所有の確約書の提出）しか及ぼすことができていないのが現状である。

実際に公開前規制違反がなされたケースとして、2021年3月にマザーズの上場会社において、一部の株主が確約書違反の株式売買が行ったとして当該上場会社から公開前規制違反の事実が適時開示された事例もある。このケースでは当該取引をした株主の公開前規制の失念により、市場において株式が売却されてしまったと説明されている。上場規程を投資者に直接適用させることで当該公開前規制違反を完全に防止できるかは検討の余地があるが、株主に対しても規定違反の罰則があれば、一定の牽制になることが想定される。もっとも、当該公開前規制の実効性を確保する観点から、申請会社の株式については、主幹事証券会社の口座にて管理が一本化するなどして管理を図るという手続きでも公開前規制違反を防止することができると考えられる。個人に対する罰則の適用は慎重とし、公開前規制の目的を達成するためにより制限的でない他に代わりうる方法が存在するのであれば、当該公開前規制を投資者に直接適用させる立法事実は乏しいといわざるを得ないかもしれない。

12) 有価証券上場規程施行規則（https://jpx-gr.info/rule/tosho_regu_201305070041001.html）。

13) 上場審査等に関するガイドライン（http://jpx-gr.info/rule/tosho_regu_201305070042001.html）。

14) 上場管理等に関するガイドライン（http://jpx-gr.info/rule/tosho_regu_201305070043001.html）。

(3)　上場規程に関する裁判例

　東証の上場規程の有効性が争点となった裁判例があるため、判決文と共に簡単に紹介したい。

・東京高裁平成22年8月6日決定（金法1907号84頁）

東証がマザーズ市場の上場会社に対して行った上場廃止決定について、当該上場会社が上場廃止の意思表示禁止等仮処分命令の申立てを行った事案である。当該訴訟では新設された上場規程の有効性並びに確認書及び事前相談制度等の恣意的な運用の有無が争点となった。本判決において東証上場審査制度について評価されている箇所が複数見受けられるため、判決文を紹介したい。

(判決抜粋。相手方は東証、抗告人は上場廃止決定を争う上場会社。下線部は上場審査制度に関する主張と裁判所の判断に関するもので筆者による)

第2　事案の概要（略語は原決定の例による。）

　1　本件は、相手方東証が開設する金融商品市場マザーズに上場する抗告人が、相手方東証が定める上場廃止基準である、不適当な合併等に該当する事由（本件では、非上場会社を完全子会社とする平成18年8月1日付株式交換について、当該上場会社が実質的な存続会社ではないと相手方東証が認めたことによるもの）があるとされ（本件上場規程603条1項6号、601条1項9号a、同施行規則601条8項1号a）、平成22年3月31日までの上場適合性審査のための猶予期間を経て、同年6月22日付で相手方自主規制法人に対し、本件上場規程605条3項所定の「確認書」を提出することなく、上場廃止に係る審査（本件上場規定605条2項）の申請をしたうえ、これを申請として認めず審査をしない相手方らに対し、本件上場規程605条3項の無効又は相手方らが本件審査の申請を拒むことは権利の濫用であることを理由として、仮の地位を定める仮処分を申し立てたものである。

…（中略）

第3　当裁判所の判断

…（中略）

　2　抗告理由に対する判断

　⑴　本件上場規程605条3項の無効事由①及び同旨の権利濫用①について

　抗告人は、<u>確認書の雛形の記載文言を前提とし、文言上、過度に広汎で、目的との間の合理性を欠き、明確性も欠くと主張する。</u>

　確認書の雛形（《証拠省略》）によれば、確認書には、当社（確認書を作成する証券会社）は、審査申請会社の「重大な法令違反及び暴力団等の反社会的勢力との関係について確認を行いました。」との文言に続けて「当社の現在

までの確認の結果、同社は、法令違反及び暴力団等の反社会的勢力との関係において、社会的に批判を受けるおそれのない企業であると認識しております。」との文言が記載されている。

　上記文言は、確認書を作成する証券会社が、審査申請会社の業務及び内部関係等について、専門的な観点からの調査能力を背景として、十分な調査を行ったうえで、相手方らに対し、証券会社としての責任を持った確認書の提出をすることを想定する限りにおいては、特段、過度に広汎であるとも、合理性及び明確性を欠くとも認められない。

　そうすると確認書の作成者として、法令違反及び反社会的勢力との関係についての調査能力を有し、市場開設者に対する責任を自覚して確認書を作成できるような証券会社を想定することが妥当かどうかが問題となるが、この点は、抗告人が無効事由③として主張する点に帰着する。

　(2)　無効事由②（「幹事取引参加者」概念の不明確性）について

　抗告人は、幹事取引参加者が明確に定義されておらず、申請を行う上場会社側に対し、なんら行為規範として機能せず、不明瞭であり、自主規制業務が適切に行われているとはいえないから、本件上場規程は無効であると主張する。

　本件上場規程2条24号では、「幹事取引参加者」とは、「幹事である金融商品取引業者のうち、当取引所の取引参加者である者をいう。」とされており、新規上場の際の主幹事会社が含まれることは争いがない。証拠《省略》によれば、抗告人は、平成20年7月15日の相手方自主規制法人の担当者Dに対する問い合わせにおいて、「幹事取引参加者」について、相手方東証の総合取引参加資格を持ち、新規上場の引受に際して副幹事経験会社であれば良いかという問い合わせを行っていることから、抗告人は、規程の解釈として、相手方東証の取引参加資格を持つ新規上場の際の副幹事会社が含まれ得ると解釈していたものと考えられる。

　ところで、相手方東証作成の「上場制度の概要」（《証拠省略》）には、上場に関して申請会社を支援する業務を行う証券会社のことを「幹事証券会社」といい、それが相手方東証の取引参加者である場合には「幹事取引参加者」という場合もあると記載されており（さらに幹事証券会社の中で中心となる証券会社を「主幹事証券会社（主幹事取引参加者）」というとされている。）、相手方らにおいても、「幹事取引参加者」は、相手方東証の取引参加者のうち、

上場に関して支援業務を行う証券会社であり、主幹事証券会社に限らないものと解することとなると考えられる。

　そうすると、抗告人と相手方らの「幹事取引参加者」についての解釈は、ほぼ同旨であると解することができ、また、「幹事取引参加者」についてのこのような受け取り方は、市場関係者一般に共通するものであろうと考えられる。

　よって、規程自体が不明確であるという抗告人の主張は理由がない。

　(3)　無効事由③(証券会社に確認書を提出させる合理性)について

　抗告人は、新規上場時に幹事取引参加者たる証券会社は申請会社について詳細な調査を行うとしても、それから相当年月を経た再審査の場合、当該申請会社について深く知悉している証券会社は存在しないから、そのような証券会社を確認主体とすることに合理性を欠くと主張する。

　……(中略)

　上記の経緯及び、上場廃止に係る審査は、不適当合併等を行ったことにより実質的存続性を喪失した上場会社について行われ、かつ、その審査は、新規上場の際の審査に準じて行われることに照らすと、マザーズ市場の運営者である相手方東証が、上場廃止に係る審査において、新規上場の際に調査をする能力を有する幹事取引参加者が作成した確認書の提出を求めることとしたことが不合理であるというべき理由は見いだせない。

　このことに加えて、上場適合性審査のために3年の猶予期間があり、申請会社は、時間的余裕をもった確認書作成のための調査等の依頼をすることができるのであるから、幹事取引参加者である証券会社に確認書を提出させる制度が不合理であるとまでは言い難い。

　(4)　無効事由④(代替手段がないこと)について

　幹事取引参加者作成の確認書の提出を義務付けることが不合理でない以上、代替手段がないことをもって、本件上場規程の無効の理由とはならない。

　抗告人は、確認書作成依頼の困難性を主張するが、証拠《省略》によれば、上場後も幹事証券会社との関係を維持している上場会社が多いことが一応認められ、また新たに幹事会社に相当する証券会社へ作成依頼することが、相当の費用を要するとしても、それほど困難であるとは考えられないから、抗告人の主張には理由がない。

　(5)　権利濫用②(確認書作成主体の曖昧性に起因する濫用)について

抗告人は、相手方らが確認書制度を恣意的に運用していると主張し、相手方らが、「幹事取引参加者」について、「総合取引参加者資格を持ち、引受実績のある証券会社に限る」（《証拠省略》）としていたのを「最近（3年間程度）において、東証における新規上場の主幹事実績のある証券会社を選定していただくようお願いいたします」（《証拠省略》）などと回答を変化させていると非難する。

　しかし、相手方らは、「新規上場における主幹事実績のある証券会社でなければならないわけではないが、できれば、新規上場の引受経験（特に主幹事実績）のある証券会社が望ましい」と説明していたものと一応認められる（《証拠省略》）。

　相手方自主規制法人としては、審査をする側の立場であり、不適当な合併等をした上場会社の上場適合性審査は、新規上場の審査に準じて行うとの認識から、新規上場の主幹事実績のある証券会社から適切な指導やアドバイスを受けられる体制の基で申請することを望むこと（《証拠省略》）が不当であるとはいえない。すなわち、相手方らの考え方は、不適当合併等により実質的存続性を喪失した上場会社が猶予期間中に申請することのできる審査を、新規上場に準ずる基準への適合性の審査と位置づけ、確認書制度をその中核を担う制度の一つとしている以上、上場会社としては、仮に新規上場後に幹事会社との付き合いが途切れたり、希薄になっていたとしても、不適当合併等をしたにもかかわらず上場廃止を免れるためには、再び幹事証券会社又はそれに類似する役割を果たし得る証券会社による調査を経ることが求められるというものであり、このような考え方に基づいて、確認書制度を運用し、相手方が望ましいと考える確認書作成主体について抗告人に告げたことが、恣意的な運用として、権利の濫用にあたるとは認められない。

　(6)　権利濫用③（事前相談、事前確認の恣意的な運用による確認書取得妨害）について

　抗告人は、実質的存続性喪失にかかる審査に当たっては、事前相談や事前確認を行うとの文書がなく、これを行うことは誤りであるにもかかわらず、相手方らが優越的地位を利用して、事前相談を確認書作成会社の意思決定に介入する機会として、事前確認を確認書作成に関する業務の応諾を思いとどまらせたり、同業務の受諾拒否を正当化する仕組みとして利用していると主張する。

証拠《省略》によれば、相手方東証は、平成 12 年 12 月 11 日付「マザーズの上場申請に係る事前確認の実施等について」と題した書面で、会員証券会社に対し、マザーズへの上場申請の受付については、事前に主幹事証券会社との間で、反社会的勢力との関係など、申請会社の健全性を確認したうえで行うこととし、具体的な確認内容及び確認方法を示して通知したことが一応認められる。

　証拠《省略》によれば、相手方らは、不適当合併等の適合性審査においても、事前相談及び事前確認を当然のものと位置づけていることが窺われるが、新規上場に準じた審査を行うという相手方らの姿勢に鑑みれば、事前相談及び事前確認を、本件審査の場合にも同様に位置づけることが不合理であるとはいえず、優越的な地位を利用した権利の濫用であるとは評価し得ない。

　抗告人は、相手方らが、事前相談を利用して確認書を作成しようとした証券会社の意思決定に介入したと主張する。この点、相手方らが、抗告人から確認書作成依頼を受けた証券会社に対して、本件審査が新規上場に準ずる基準への適合性の審査であることを前提として、確認書の位置づけ及び主幹事証券会社以外の証券会社については、相手方らがその信頼性を審査することになるといった趣旨の説明をしたことは窺われるが、主幹事証券会社以外の証券会社は、一般的にいって、申請会社の行状等を詳細に把握しているわけではないということができ、そのような証券会社が確認書を提出した場合、その信頼性について疑義が生じ得るので、相手方らが調査することに一応の合理性があるということができ、これらの説明が優越的地位を利用した不当な説明であるとは認められない。

　また、抗告人は、相手方らが事前確認を確認書作成業務の受諾拒否を正当化する仕組み等として利用していると主張するが、相手方らが、証券会社各社において抗告人のために確認書を作成する業務の受諾を拒否させるために事前確認制度を運用したことを認めるに足る疎明資料はない。証拠《省略》によれば、相手方自主規制法人の担当Eは、抗告人代表者に対し、事前相談において証券会社に対し、調査の範囲、方法の説明を求めたり、同相手方の有する情報とのすり合わせを行うと発言したことが一応認められるが、これをもって抗告人主張の事実が疎明されたということができない。

　もっとも、相手方らの上場廃止に係る審査の申請に関する事前相談及び事前確認制度の運用においては、明文化された客観的に認識可能な規準が存在

せず、相手方ら担当者の口頭による説明のみで運用されていることから、審査を受けようとする上場会社の側からすれば、本件上場規程上は確認書の作成者を「幹事取引参加者」としているのに、実際には主幹事証券会社の確認書を得ることを要し、これが得られない場合は、事実上、審査の申請を断念せざるを得ない制度となっているとの不満を抱くに至ることも無理からぬ面があるといえる。市場の健全化のための審査である以上、審査自体における基準はもとより、審査を受けるための要件が、審査を受けようとする側からみて明確になっていることが望ましいことは言うまでもない。しかし、本件において、相手方らの事前相談及び事前確認制度の運用には一応の合理性が認められるところであって、そのような運用がされていることが相手方らの権利濫用となるものではないし、また、抗告人が確認書を取得できないことが相手方の妨害によるものであるとの疎明がなされているとはいえない。

本決定では、上場規程自体の有効・無効が争われているが、抗告人の個別の申立て事由に基づく判断が示されているにとどまっており、上場規程の有効性に関する一般論が述べられているわけではない。しかし、東証と抗告人の間で上場契約が締結されており、当該契約の中で上場規程等を遵守する旨約していること、東証の諸規則の変更は有効であること、上場規程が上場会社を拘束することはおそらく判決の前提となっているものと考えられる。

(4) 小括

上場規程は申請会社が株券上場契約書を東証に差し入れた時からその適用が始まる。より正確にいえば、宣誓書において、上場規程等における違反事実が判明した場合には東証の措置に異議を申し立てない旨約することが求められることから、申請会社が宣誓書を提出する上場申請時から上場規程を遵守する必要が出てくる。

これまで確認してきたとおり、上場規程は、金融庁の認可や変更命令等による行政からの一定のコントロール下にあることに加え、利害関係者からの意見募集を行ったうえで利害調整が図られていることから、内容面、手続き面に問題がないよう一定の制度的担保があるといえる。また、上場

規程の内容もその時代における社会の要請に応じて多様なものが規定されており、今後も広がりを見せていくものと予想される。

　万が一、証券取引所の上場規程に基づく処分行為について争う事態を想定した場合、上場規程の仕組み、状況からすると、証券取引所が規定する上場規程そのものを違法、又は無効であるという主張を通すことは難しく[15]、当該上場規程の適用状況（適用の前提事実や適用の是非等）を争うほうが現実的であると思われる。

---

15) 上場規程の違法・無効を主張する場合、例えば、当該規定の合理性の有無、目的と手段の均衡、より制限的でない規定の可能性、漠然性ゆえに無効、その他の当該規定自体に問題がある旨の主張構成を採ることが考えられるが、上場規程は金融庁のコントロール下にあり、公開の意見募集手続きに付されることから、その問題を指摘することは難しいことが予想される。もっとも、上場規程は法律のように民主的基盤に基づくわけではなく、上場規程を運用する証券取引所自身が策定することから、法律よりも規定の問題を指摘しやすい構造下にあるということはいえそうである。

◆2 上場審査の限界と裁量論

(1) 上場審査の限界

　東証の上場審査ガイドラインⅡ6.では「……上場審査は、次の(1)から(6)までに掲げる観点その他の観点から検討することにより行う」とされており、(6)において「その他公益又は投資者保護の観点から適当と認められること」が掲げられている（以下、「当該審査項目」という。）。

　当該審査項目は、申請会社の事業目的や事業内容が公序良俗に反する場合又は法律等に違反する場合には、投資対象物件として投資者に提供することはふさわしくないという市場運営者の判断に基づくものであり、合理性のある審査項目であるといえる。

　しかし、申請会社の事業活動が公序良俗に反するか否か、法律に違反しているか否かを判断するのは、当該分野の専門家でも簡単に結論を出すことができない場合も少なくなく、判断が困難な場合も想定される。時には立法が追いついておらず、行政のガイドラインも存在しない類型の新規事業によって業績を伸ばした申請会社による上場申請のケースも存在し、このような違法状態かどうか判断できないような、いわゆるグレーな事業活動を行っている企業に対して上場審査が行われる場合、東証は当該審査項目に関して難しい判断を迫られることとなる。

　当該審査項目に疑義がある場合の上場審査の対応としては、まずは当該事業活動を所管する監督官庁があればその監督官庁に照会して事業活動が適法だと根拠付けられる回答を得ること、又は経済産業省のグレーゾーン解消制度などを用いて公的な裏付けを得ることを申請会社に対して要請し、これらが難しい場合には弁護士等の専門家の意見書に裏付けられた申請会社や主幹事証券会社の見解を徴求し、当該審査項目に関して判断することが考えられる。しかし、法制度が追いついておらず、業界の実務が先行しているような場合、明確に結論を出せる者は原則として存在しないため、東証としては公的な拠り所がない状態のまま上場審査を行うこととなる。

(2)　上場審査の裁量論

　ここで問題となるのが東証の上場審査における裁量の範囲である。当該審査項目の判断において、申請会社の事業活動が明確に違法とも適法とも判断し難い場合、東証としては、適法と言い難いことから当該審査項目を充たしていないというべきか、違法とも言い切れないことから当該審査項目を充たしているというべきか、そもそも当該判断は東証の裁量に完全に委ねられている事項と考えてよいのか問題となる[15]。この問題を考えるにあたっては、以下の観点からアプローチすることができないか考えてみたい。

- ・　東証の組織の性質
- ・　証明責任の所在
- ・　金商法の趣旨

　1つの考え方として、東証の組織の性質から上場審査における裁量の範囲を考えることができないか。

　まず、株式会社日本取引所グループは市場第一部の上場企業であり、利益を追求することが目的とされた株式会社であり、上場審査は上場契約の一環として公的ではなく私人間の契約に基づき行われるものであることから、上場審査の判断を行政事件訴訟法の対象となるような処分性[16]のある行為として捉えることは一般的ではない。そうすると、一民間企業である東証が自身の金融商品の棚にどのような銘柄を並べるかは自由であり、その判断は東証に全面的に委ねられるということになる。この見解を前提とした場合、申請会社の事業活動の適法性が確認できないときであって

---

15)　前提として、証券取引所の上場審査部は、裁判官や行政庁ではないため、法令の解釈適用、事実認定をする立場にはなく、その権限も与えられていないことから、申請会社の事業活動が適法か違法かを判断することはできない。

16)　「行政庁の処分とは……行政庁の法令に基づく行為のすべてを意味するのではなく、公権力の主体たる国または公共団体が行う行為のうち、その行為によって、直接国民の権利義務を形成しまたはその範囲を確定することが法律上認められているものをいう」（最判昭和39・10・29民集18巻8号1809頁）。

も、当該審査項目の判断は東証の裁量に委ねられることになり、適法と言い難いことから当該審査項目を充たしていないと判断しても、違法と言い切れないことから当該審査項目を充たしていると判断しても、どちらでも東証の判断に問題はないことになる。

　一方、株式会社日本取引所グループは、上場している株式会社であるとはいえ、金商法に基づき認可され、事業活動も金商法に明記された特殊な法人であり、金融商品取引所として公共的な性質を持った事業を行っている。また、金融商品取引所は諸外国には勿論、日本にも他の金融商品市場が複数あるとはいえ、日本の証券市場においては事実上東証への上場が一定の社会的意味を有し、上場を希望する会社にとっては特定の証券取引所を選択せざるを得ないことが実情であることに鑑みると、東証は金融インフラとして公共的な側面があることから、少なくとも東証の上場審査の判断に恣意性を持たせるべきではないと考えることになる。事実、前述のとおり、有価証券上場規程の策定と変更に関しては金融庁の認可が必要とされており（金商法149条1項）、公益又は投資者保護のため必要かつ適当と金融庁が認めるときは、証券取引所に対して規則の変更を命ずることができることとなっており（金商法153条）、当該変更命令の実例もあるところである[17]。この立場からは、東証の上場審査の判断には広い裁量を持たせるべきではなく、考慮すべき事項を考慮せず、考慮すべきでない事項を考慮すること、いわゆる行政法学でいう考慮不尽と他事考慮は許されないと考えることになる。勿論、東証をはじめとする証券取引所は行政事件訴訟法上の「行政庁」ではなく、上場審査は上場契約に基づく行為であることから、私人間の契約であり、行政事件訴訟法の取消訴訟の対象には原則としてなりえない。しかし、仮に訴訟において証券取引所の上場審査行為を

---

17)（再掲）実例として、2004年3月18日に東証マザーズに上場した株式会社アルデプロが、上場直後の同年4月8日に、東京都から宅地建物取引業者免許の取消処分を受けた。同社の主力業務である中古マンション販売事業が行えない状況となったことを受け、金融庁が東証のアルデプロ社に係る上場審査及び上場管理の状況を確認したところ、問題点が認められるとして、上場審査業務体制と管理業務体制を改善する旨の業務改善命令を出している（https://www.fsa.go.jp/news/newsj/15/syouken/f-20040524-1.html）。

争うときは、上場審査の法的性質を論じることとなり、その中で上記裁量論を論じることになると考えられる。実際、証券取引所の裁量について判断が示された下級審判例も存在する（詳細は後述する）。

次に、東証の上場審査における裁量が限定されるという立場に立った場合に、申請会社の事業活動の適法性が確認できないとき、東証は当該審査項目についてどのような判断をすべきか。

この点、証明責任の所在の観点から判断することができないか。

すなわち、民事訴訟法においては、裁判において法律効果の発生等を主張する者が証明責任を負い、かかる証明責任を負う者が証明に失敗した場合には、当該法律要件効果の発生等が認められないとされている[18]。この考え方からすると、上場申請における当該審査項目の証明責任を負うのは、上場という効果を得たい申請会社ということになり、申請会社が自身の事業活動の適法性を東証に証明できなければ、自身に上場会社適格性があるとはいえず、当該審査項目をパスできない結果を受忍せざるを得ないということになる。この帰結として、東証としては当該審査項目に関して不適当という判断をすべきこととなる。

別の考え方として、金商法の趣旨の観点から判断することができないか。

上場審査は金商法第84条第2項第1号の「自主規制業務」のうちの「金融商品、金融指標又はオプションの上場」として規定されており、金商法上の概念といえる。そうすると、上場審査の範囲は金商法の目的から判断することが可能ではないか。金商法第1条は金融商品取引等の公正性を主な目的とし、国民経済の健全な発展及び投資者保護をうたっている。

18）証拠調べや弁論の全趣旨に照らしても、裁判官が口頭弁論終結時にある事実の存否につき、確信を抱くことができないことを真偽不明（ノンリケット）という。ある事実の存否につき真偽不明の場合、当該事実を要件とする自己に有利な法律効果の発生又は不発生が認められないこととなる一方当事者の不利益を証明責任という（上田徹一郎『民事訴訟法〔第7版〕』（有斐閣、2011）380頁）。

○金商法

第1条（目的）

　この法律は、企業内容等の開示の制度を整備するとともに、金融商品取引業を行う者に関し必要な事項を定め、金融商品取引所の適切な運営を確保すること等により、有価証券の発行及び金融商品等の取引等を公正にし、有価証券の流通を円滑にするほか、資本市場の機能の十全な発揮による金融商品等の公正な価格形成等を図り、もつて国民経済の健全な発展及び投資者の保護に資することを目的とする。

　当該目的からすると、上場審査はあくまで金融商品取引の公正性、投資者保護の観点から業務が遂行されるべきであり、一次的には上場審査において申請会社の事業活動の適法性が審査されるものではないことになる。つまり、東証はあくまで金融商品市場の開設者として、申請会社の上場適格性を金融商品としてふさわしいかという観点から上場審査を行うべきであり、申請会社の事業活動の適法性の確認は金商法の目的から直接導かれるものではない。こう考えると、申請会社の事業活動が違法だと明確に判断できない場合には、東証は当該審査項目を問題視すべきではないと考えることができる。

　反論として、申請会社の事業活動の適法性が判断できないまま上場すると、何らかのきっかけで当該申請会社の事業活動が違法と判断された場合、当該申請会社の事業の継続性に支障をきたし、当該申請会社の企業価値が著しく毀損することになることから、投資者保護の観点から当該申請会社の上場はふさわしくなく、やはり申請会社の事業活動の適法性も上場審査で確認されるべき事項と考えるべきという見解も成り立ちそうである。加えて、公益の観点からも、違法な事業を助長させることは公共の利益に反することから、申請会社の事業の適法性の確認はなされるべきといえそうである。

(3)　証券取引所の処分等に関する裁判例

以下の裁判例は、いずれも上場審査ではなく上場廃止決定等に関する事

例ではあるが、東証をはじめとする証券取引所の裁量を考えるにあたって参考となるため簡単に紹介したい。

　ア　東京地裁昭和46年11月15日判決[19]

　東証が行った上場廃止処分が適法であるとし、上場会社の上場廃止停止の仮処分申請が却下された事案である。当事者間において虚偽記載の事実があったことに争いはなく、当該虚偽記載により「影響の重大性」があるといえるかが争点となった。

（判決抜粋。被申請人は東証、申請人は上場廃止決定を争う上場会社。下線は筆者による）

　……上場契約が、多数の会社の発行する株式を売買するための有価証券市場を開設する証券取引所と個々の発行会社との間に、個別的に、当該発行会社の株式を当該市場で売買取引することを認めるために締結され、しかも、その契約による有価証券市場への上場および上場の廃止は、監督官庁である大蔵大臣の承認を法定条件とされている（証取法110条、112条）ことを考えると、<u>右特約は、被申請人の定款、業務規程、有価証券上場規程その他の規則を、いわゆる付款とし、右諸規則が変更される場合には、その変更後の規則に基づいて当事者間の法律関係を律することを約したものと解するのが相当である。</u>

　（中略）被申請人は、財務諸表に虚偽記載がある以上、影響の重大性の判断は、被申請人に委ねられ、申請人は、その点を争つて、上場廃止の効力を否定することはできないと主張する。そして当事者間に争いのない前記事実によると、被申請人の主張も首肯し得ないではないが、株式の上場によって、発行会社は、株式の流通の円滑化により、資金の調達が容易となり、また知名度が向上することにより信用も増大するという利益（これに対応して、発行会社は上場手数料および年賦金を支払うのである）を得ていることは、顕著な事実であるから、前記上場廃止基準の追加条項は、<u>財務諸表に虚偽の記載があり、かつその影響が重大であると客観的に認められる場合に、はじめて被申請人は、上場廃止をすることができると解するのが相当である。</u>

19）東京地判昭和46・11・15判時650号92頁。

「影響の重大性」の判断は東証に委ねられ、上場会社は当該判断を争って上場廃止の効力を否定することはできないという東証の主張に対して、裁判所は、株式の上場によって、上場会社が利益を得ていることは顕著な事実であるから、財務諸表に虚偽の記載があり、かつその影響が重大であると客観的に認められる場合にはじめて、取引所は上場を廃止することができるとし、「影響の重大性」の判断は東証ではなく、客観的に認められるかどうかで判断されるべきと判示したものである。当時の判決に対する講釈は概ね好意的なものが多かったようで、上場規程の上場廃止要件を解釈する取引所の裁量は限定的に考えるべきという考え方が支配的だったようである[20]。

　　イ　東京地裁平成18年7月7日判決[21]

　ジャスダック証券取引所（以下「ジャスダック」という。）の上場会社がジャスダックに対し、債務超過状態が近々解消される高度の蓋然性がある場合でも債務超過に該当するとして上場廃止を決定したジャスダックの上場廃止決定措置は違法である旨主張し、上場廃止処分の効力を停止し、自らの上場を維持する旨の仮処分命令を求めた事案である。

20）①森本滋「証券取引所の上場廃止処分の適法性」別冊ジュリ100号51頁（1988年）
　　「「虚偽記載の影響の重大性」の判断が取引所の裁量に委ねられるわけではない。取引所の恣意を認める規則は著しく不合理なものとなる。とりわけ当該取引所規則の法的規範性より、その要件は客観的基準に従い判断されねばならず、その当否は司法的判断に服する」「「取引所が重大と認めたとき」とは、客観的に重大であっても諸般の事情により上場廃止決定をしない場合のあることを意味するにすぎない」
　　②神崎克郎「証券取引所のなした株式上場廃止処分の適法性」判タ274号90頁
　　「財務諸表の虚偽記載を理由とする上場廃止は、そのような虚偽記載をした発行会社の有価証券を続けて有価証券市場に上場しておくことにより将来の投資者がこうむる危険ならびに有価証券市場に対する公衆の信頼の毀損と有価証券を上場廃止することにより発行会社ならびに現在の投資家がこうむる不利益の衡量の中で決定されなければならない。そして、有価証券上場規程にいう「その影響が重大である」というのは上場廃止によってもたらされる不利益にもかかわらず、将来の投資者の利益の保護ならびに有価証券市場に対する公衆の信頼の維持のために上場廃止をすることが有益であると判断されるほど影響が重大であるという意味に解されるべきである。したがって……影響の重大性は客観的に判断されるべく、有価証券上場規程における「その影響が重大であると取引所が認めた場合」との文言にもかかわらず、取引所の判断は最終的なものと解されるべきではない」。
21）東京地判平成18・7・7判タ1232号341頁。

（判決抜粋。債務者はジャスダック証券取引所、債権者は上場廃止決定を争う上場会社。下線は筆者による）

　……次に虚偽記載について検討すると、上記認定の事実によると、有価証券報告書の形式的修正から平成17年8月期における記載が虚偽と判断されるだけではなく、実質的にみても、平成17年8月期において債務免除益が発生していると評価できない以上、これを記載した平成17年8月期における有価証券報告書は虚偽記載であると評価するほかない。

　ところで、<u>上場廃止となるには、その虚偽記載が、その影響が重大であると債務者において認めた場合であることが必要であるところ、その影響の重大性については、いかなる場合でも債務者が認めればこれに該当するという趣旨ではなく、客観的にみてその影響が重大であると判断される場合を指すものと解するのが相当であり、</u>債権者が主張する故意又は重大な過失の存否は、その影響が重大であると判断するための一資料となることはあるとしても、故意又は重大な過失がなければ、結果的に虚偽の有価証券報告書が提出されても、その影響が重大であるとは言えないと判断することは困難であり、少なくとも虚偽の有価証券報告書が提出された場合には、その主観的意図にかかわらず、虚偽記載に該当すると判断するのが相当である（なお、その場合、故意過失がないことを債務者において立証できれば、虚偽記載であっても、これに該当しないという解釈をする余地があるとしても、本件では、故意過失がないということについて疎明があるとまでは認められない。）。そこで、本件において、その虚偽記載の影響が重大であると言えるかどうかについてみると、債務者はその影響が重大でない理由として、本件債務免除については会計的、法的見解の相違が存するのみであることを挙げているが、前記認定のとおり、単なる見解の相違があったにとどまるということはできない。また、債権者は情報を開示しており、投資家に対する影響は重大でない旨も主張するが、投資家は、基本的には有価証券報告書等の記載を信頼して投資をすることを考えると、その記載の実質的な意味について別途債権者が情報を開示していたからと言って、当然に投資家が保護されるということはできないのであり、そのことを理由として投資家に与える影響は重大ではないということはできない。そして、本件では、117億円の債務免除益がまだ発生していなかったのであるから、これを既に発生しているものとして有価証

券報告書に記載をすることは、債権者の企業規模に照らして、後に債務免除
益が生じており、その時点で虚偽であることが明確になったという経緯があ
るとしても、その影響が重大であると評価せざるを得ないのであり、したが
って、この上場廃止基準に該当しないという点についても、十分な疎明はな
いと言わざるを得ない。……（以降省略）

　本判決では、上場会社の債務超過に該当しないという主張への十分な疎
明がなされていないと判断され、本件仮処分命令の申立てが却下されてい
る。「影響の重大性」に関する考え方も同時に示されており、「いかなる場
合でも取引所が認めればこれに該当するという趣旨ではなく、客観的にみ
てその影響が重大であると判断される場合を指すものと解するのが相当で
ある」として、結論としては虚偽記載に関する事実認定を行い、その影響
の重大性を認めている。
　ウ　東京地裁平成24年9月24日判決[22]
　東証上場会社の中間連結財務諸表につき、監査法人が意見不表明とした
ことの影響が重大であるとして、上場廃止決定をした東証の決定の適法性
が争われた事案である。本件では、上場廃止処分を争う上場会社が、①意
見不表明の記載の影響は重大なものではなく、東証が上場廃止基準の解釈
適用を誤ったものであること、②東証には上場廃止決定を行うに際して行
政手続法類似の手続（告知、聴聞等）を行う義務があるのにそれらの手続
を行わなかったことが債務不履行であるとして損害賠償請求訴訟を提起し
たものである。

（判決抜粋。被告は東証、原告は上場廃止決定を争う上場会社。下線は筆者に
よる）
　……被告が本件廃止基準を定めている根拠は、法117条4号に求められる
ところ、同号において金融商品取引所が上場廃止基準及び方法について定め
るとされている趣旨は、次のとおりであると解される。すなわち、いかなる
場合に当該金融商品取引所の開設する金融商品市場に上場されている金融商

22）東京地判平成24・9・24判タ1385号236頁。

品を上場廃止にするかという問題については、金融商品市場における取引が多様かつ流動的なものであって、その時々の取引の実情に応じた機動的な対応を行う必要があり、そのためには法令に廃止基準を予め規定しておくという方法が適さないことに加え、上記のとおり多様かつ流動的な証券取引については高度な専門的、技術的知識が求められることから、そのような取引に精通している金融商品取引所自身が上場廃止基準を作成することで、発行会社に対してより適切な規制が行われることが期待されるとともに、金融商品取引所自身が創意工夫をこらした基準を設けることで発行会社や投資家の幅広い需要に応じた金融商品市場が開設されることにより、金融商品等の取引の公正や円滑化等が図られ、もって国民経済の健全な発展及び投資者の保護に資するという法の目的（法1条）を達成することができるという点にあると考えられる。

　そうすると、上記上場廃止基準の設定のみならず、金融商品取引所が定めた上場廃止基準に該当するかどうかが判断される場面においても、原則として当該基準を作成した金融商品取引所自身の判断が尊重されなければ、取引所の専門的知識の活用による機動的かつ適正な発行会社に対する規制や、投資家の幅広い需要に応じた様々な金融商品市場の開設を通じて、法の目的を達成しようとした上記法117条の趣旨を十分に実現することはできないといえる。

　これに加え、本件廃止基準においては「影響が重大であると被告が認めた場合」という文言が用いられており（本件前提事実(3)）、被告が判断権を有することが明確に規定されていることにかんがみると、監査報告書等に意見不表明と記載された場合の影響が重大であるという<u>本件廃止基準の要件を満たすものであるか否かを判断するにあたっては被告に広範な裁量権があることを否定できず、したがって、本件意見不表明の影響が重大であることを前提に、本件処分を行った被告の行為が本件上場契約に違反することになるのは、被告が上記裁量権を逸脱し、またはこれを濫用した場合に限られるものと解するのが相当である。</u>

　……<u>このような裁量権の逸脱濫用があったか否かについては、その判断が裁量権の行使としてされたことを前提とした上で、その基礎とされた重要な事実に誤認があること等により重要な事実の基礎を欠くこととなる場合、または、事実に対する評価が明らかに合理性を欠くこと、判断の過程において</u>

考慮すべき事情を考慮しないこと等によりその内容が社会通念に照らし著しく妥当性を欠くものと認められる場合等に限り、裁量権の範囲を逸脱し、または、これを濫用したものと解するのが相当である。

これに対し、原告は、上場廃止措置は、多数の関係者の重要な利益に大きな影響を及ぼすものであるから、その判断が恣意的、裁量的なものとならないように、法117条は金融商品取引所が予め具体的な基準を明確化することを要請したものであり、したがって、同措置の基準等についての細則が一旦定められた以上、その後の金融商品取引所の同基準に関する運用に際しては、同基準中の要件（特に本件では、上場廃止基準である「その影響が重大である」との要件が問題となる。）の存否について客観的に行われなくてはならず、そこに金融商品取引所の裁量を働かせることは許されない旨主張する。

しかしながら、法117条4号が上場廃止基準及びその方法を金融商品取引所に定めさせることにした趣旨は、原告が主張するような内容ではなく（仮に原告主張のとおりであるとすれば、金融商品取引所ではなく法令が定めれば足りることである。）金融商品取引所が市場の開設・運営に従事する者であり、取引の実態に精通した専門家であるという点に起因しているのである（この点は上記のとおりである。）。

そして、そうであるとすれば、一旦上記上場廃止基準及びその方法について金融商品取引所がこれを定めれば事足りるというものではなく、その基準等の解釈、適用に際しても、その専門性を発揮することを法が定めていることは明らかであり、そのことは、文言上、本件廃止基準が中間監査報告書に「意見の表明をしない」旨が記載されたときに、「その影響が重大であると被告が認めた場合」に上場を廃止すると規定し、単に「その影響が重大である場合」に上場を廃止すると定められていないことからも裏付けられるものである。

確かに、上場廃止の可否が問題とされる場合、その廃止が認められれば、当該上場会社の関係者はもちろんのこととして、それに利害関係を有する投資家等の利益を大きく害するものであることからすれば、その判断には慎重さが求められ、恣意的な判断は許されないところではあるが、影響の重大性の判断には相当の幅があるのであり、その基礎となる事項についてみても、当該事案の場合にいかなる事項をそれぞれについてどの程度考慮するかは当該市場を運営する金融商品取引所の上場政策を加味した総合的判断にならざ

るをえないところであり、そこに専門的裁量権の行使が認められるべきは当然のことである。

　したがって、被告の本件上場廃止基準の解釈、適用についての判断に裁量権が認められないとする原告の上記主張は理由がなく、採用することはできない。

　……（中略）

　原告は、被告が上場廃止処分を行うに際しては、行政手続法に規定された手続と類似の手続を行うべき義務を負っている旨主張する。

　しかし、上記1でも検討したとおり、<u>法は金融商品取引所が上場廃止基準及び方法について定めるとしているのだから（法117条4号）、上場廃止にあたってどのような手続を行うかについては、当該取引所に一任されているものであって、金融商品取引所に対して一律に上記内容の手続を遵守すべき義務が課されていると解することはできず</u>、原告の主張を採用することはできない。そして、被告が本件廃止基準において、そのような手続を行うことを定めた規定のないことは、弁論の全趣旨から明らかである。

　……（以下省略）

　本判決では、東証の行った上場廃止処分に違法性はなく、東証が上場廃止処分を行う際に行政手続法類似の手続を経る義務はないと判断された。

　裁判所は、証券取引には高度な専門的、技術的知識が求められるとして、証券取引所の専門的裁量を認定し、要件充足性の判断に関しては、証券取引所に広範な裁量権があり、当該裁量権を逸脱濫用した場合に限り、上場契約に違反することになるものであるとした。そのうえで、裁量権の逸脱濫用があるか否かについては、当該処分が、裁量権の行使としてされたことを前提としたうえで、その基礎とされた重要な事実に誤認があること等により重要な事実の基礎を欠くこととなる場合、または、事実に対する評価が明らかに合理性を欠くこと、判断の過程において考慮すべき事情を考慮しないこと等によりその内容が社会通念に照らし著しく妥当性を欠くものと認められるか否かという観点から判断すべきところ、本件事案においては、東証が裁量権を逸脱濫用したとはいえない旨判断した。この考え方はまさに行政法学的な裁量権逸脱濫用の考え方であり、証券取引所の

判断に関する裁量について言及されている点に大きな先例的価値があるといえるだろう。

　また、行政手続法の手続きを踏むべきという主張に対しては、上記金融商品取引法の趣旨からすれば、上場廃止にあたってどのような手続きを行うかについては、金融商品取引所に一任されているものであると一蹴されているが、証券取引所の処分が行政庁の行為として評価する余地が全くないわけではなく、訴訟選択や主張の組み立て方によって争い方は複数あるように考えられる。

(4)　小括

　以上、東証の上場審査には裁量があるのか、裁量がないとすると申請会社の事業活動が違法とはいえないが全く問題がないとも言い切れないグレーな状態の場合、当該審査項目の判断においてどのような範囲で裁量が認められるのか、逆にいえば、どのような場合に裁量権の逸脱濫用となるのか、私見を述べるとともに証券取引所の処分に関する裁判例を確認してきた。原則からすれば、上場審査は会社間の契約の一種であり、東証には上場審査における広い裁量が認められるというのが一般的だが、金商法、行政法、民事訴訟法の観点から、上場審査における東証の裁量を絞って考えることも有用ではないか。また、行政手続法及び行政事件訴訟法理論の進展並びに金融商品取引所の公共的位置付けの高まりなどを踏まえあらためて行政訴訟法の対象と考えることも検討の余地があるように思われる。

　(2)冒頭の質問に対する個人的見解としては、申請会社の事業活動の適法性も上場審査の審査項目に一応含まれるが、東証は個別法の要件判断や事実認定をする立場にはないため、申請会社の事業活動の適法性に関する判断については、最終的な判断権者とはなりえず、その判断を下す義務及び判断に対する責任もないと考えている。この結果、当該審査項目に対する判断としては、申請会社（主幹事証券含む）の主張立証活動に委ねられることとなり、申請会社が、自身の事業活動が適法である旨の心証を東証に対して十分に形成することができなければ、東証としては当該審査項目を充足しないと判断すべきと考えることとなる。この点、換言すれば、東証

としては自身の心証形成が不十分な場合には当該審査項目を充足していると判断することは許されないこととなる。東証は、事業活動の適法性に関する最終的判断をする必要はないが、上場審査の判断は自身の審査上の心証形成に沿ってなされるべきであり、その心証の形成方法には組織としての一定のルール、考え方が設けられていることが想定される。当該ルールに従って形成された東証の心証が不十分である場合に当該審査項目が充足していると判断することは上場審査の恣意的な運用につながることから、属人的な対応がなされることは避けるべきである。この意味では、東証に審査項目を充足していない場合に審査項目を充足していると判断する裁量を認めるべきではないと考えることとなる。

◆3　エフオーアイ事件[23]

　上場審査に関わるすべての関係者の襟を正させることになった事件がエフオーアイ事件である。本事件は最高裁まで争われ、最高裁判決では元引受証券の引受審査責任が認められるなど、実務に大変な影響を与えた大事件であるが、詳細な本事件に関する解説は他の識者に委ねたい。ここでは、当該事件については簡単な紹介にとどめ、東証及び自主規制法人の責任について論じられた地裁判決に主にフォーカスすることとしたい。

(1)　事案の概要

　半導体関連装置の研究開発及び製造販売を主たる事業とする株式会社エフオーアイ（以下「FOI」という。）が、架空売上を計上して粉飾決算を継続して行い、3回にわたる上場申請の末、マザーズ市場に新規株式上場を果たしたが、上場後わずか7か月で上場廃止・破産に至った。粉飾を行ったFOIの役員は当然として、同社の上場審査に関わった東京証券取引所、日本取引所自主規制法人、証券会社、公認会計士が、上場により同社の株式を取得して損害を被った株主から損害賠償請求を提起されたものである。簡単な時系列は以下のとおりである。

年月	概要
1994 年	FOI が設立される
2005 年	FOI が平成 16 年 3 月期以降、粉飾決算を継続して行う
2007 年 12 月	第 1 回上場申請
2008 年 2 月	FOI が巨額の粉飾を行っている旨記載された第一投書が主幹事証券、東証、自主規制法人に寄せられる。自主規制法人が追加調査を実施したが、第一投書の事実は認められないと判断
2008 年 4 月	第 1 回上場申請取下げ

---

23)　東京地判平成 28・12・20 資料版商事 396 号 171 頁、東京高判平成 30・3・23 資料版商事 414 号 84 頁、最判令和 2・12・22 資料版商事 442 号 73 頁。

2008 年 12 月	第 2 回上場申請
2009 年 5 月	第 2 回上場申請取下げ
2009 年 8 月	第 3 回上場申請
2009 年 10 月	東証上場承認。承認後、第一投書と概ね同内容の第二投書が主幹事証券、東証、自主規制法人に寄せられる。自主規制法人は追加調査を FOI に対して実施したが、粉飾決算の事実は認められないと判断。上場手続きが進められる
2009 年 10 月	FOI が東証マザーズ市場に新規株式上場を果たす
2010 年 5 月	証券取引等監視委員会が強制捜査開始、その後 FOI が有価証券届出書の虚偽記載を認める旨の適時開示を行う。東証が FOI の上場廃止を決定し、FOI が破産手続き開始の申立てを東京地裁に行う

(2)　東京地裁平成 28 年 12 月 20 日判決要旨

　東京地裁判決では、以下のとおり、FOI の取締役及び監査役並びに主幹事たる元引受証券会社の責任を肯定し、その他の者に対する責任は否定された。

① 粉飾決算に基づく虚偽の有価証券届出書を提出した FOI の取締役及び監査役について、FOI 株式取得者に対する金商法 21 条 1 項 1 号、22 条 1 項の責任を肯定

② 粉飾決算に基づく虚偽の有価証券届出書を提出した FOI と元引受契約を締結した証券会社のうち、主幹事証券会社については FOI 株式取得者に対する金商法 21 条 1 項 4 号、17 条の責任を肯定し、主幹事証券会社以外の証券会社については、同法 21 条 2 項 3 号、17 条ただし書による免責を認め、責任を否定

③ 粉飾決算に基づく虚偽の有価証券届出書を提出した FOI の株式の売出しに係る株式の所有者について、金商法 21 条 2 項 1 号による免責を認め、同条 1 項 2 号の責任を否定

④ 多額の粉飾決算を行っていた FOI の上場を承認した東証及び自主規

制法人について、上場審査における注意義務違反を否定し、FOI 株式
取得者に対する不法行為責任を否定

とりわけ、東証及び自主規制法人に対しては、民法第 709 条に基づく不
法行為責任の有無が争点となったが、東証の不法行為責任は以下のとお
り、上場審査が自主規制法人に委託されていることを理由に否定されてい
る。

> 　金商法は、金融商品取引所について、自主規制業務を適切に行わなけれ
> ばならない旨を規定するとともに（84 条）、自主規制法人に対し自主規制業務を
> 委託することを認めているところ（85 条）、その趣旨は、営利を目的とする株
> 式会社組織である金融商品取引所において、独立性が確保された公正な自主
> 規制業務を実施するため、別法人を設立して自主規制業務を担わせることを
> 認める点にあるものと解される。そして、前記認定のとおり、東証は、自主
> 規制法人に対し、自主規制法人において行われる上場審査の全部を委託して
> いたものである。
> 　以上のような金商法の趣旨及び東証と自主規制法人との間の業務委託契約
> の内容に照らせば、自主規制法人は、東証の委託を受け、東証とは独立した
> 立場において上場審査の全部を行っていたものと認められ、東証が行う上場
> 審査の補助者として上場審査に関与していたものではない。したがって、仮
> に自主規制法人が行った上場審査の過程において過失があったとしても、そ
> のことにより東証が不法行為責任を負うということはできない。

（筆者が Y23 を東証に、Y24 を自主規制法人に修正）

　次に、自主規制法人の責任に関しては、東京地裁判決において一般論か
ら詳細に論じられている。該当部分の原文は以下のとおりである。

> 　ア　上場審査における注意義務と不法行為責任
> 　金商法は、上場審査を含む金融商品取引所における自主規制業務について、
> 市場における有価証券の売買等を公正にするとともに、投資者を保護するた
> め、これを適切に行わなければならない旨を定めている（金商法 84 条）。そ
> して、自主規制法人は、上記金商法の規定を受け、自主規制業務に関して業
> 務規程を定めているところ、その 26 条 1 項において、自主規制法人が上場審

査を行う旨定め、同条2項において、「当法人は、委託金融商品取引所の市場
に新規上場等を申請した者に対し、前項の審査のために必要があると認める
帳簿、書類その他の物件の掲示若しくは閲覧、資料の提出又は事実の説明及
び当該説明の内容を記載した文書の作成等を求めるものとする。」と定めてい
る（甲101）。また、上場基準、上場審査における審査項目及び提出書類等に
ついては、東証が、有価証券上場規程及び同施行細則においてこれを定めて
いる。

　このような上場審査を含む自主規制業務を適切に行わなければならない義
務は、直接的には、市場における公正な取引を実現し、ひいては投資者を保
護するという金商法の立法目的を実現するため、金融商品取引所又は自主規
制法人に課せられた公法上の義務であり、直ちに、個々の投資者に対する義
務となるものではないと考えられる。

　しかしながら、金商法が、金融商品取引所の開設を内閣総理大臣の免許を
受けた者のみが行うことができるものとし（金商法80条）、免許を受けるた
めには、定款、業務規程等の規定が投資者を保護するために十分であること
を要求し（同法82条1項）、さらに、投資者を保護するために自主規制業務
を適切に行うべきことを定めている（同法84条）こと、本来上場要件を満た
さない会社の上場を許せば、広く一般の投資者に対し大きな損害を与える可
能性があるところ、上場審査は、上場申請会社が公開市場において資金調達
を行うのにふさわしい会社であるかどうかを審査し、一般の投資者が不測の
損害を被ることを防止するための手続として位置付けられることに照らせば、
自主規制法人が、上場審査に関して投資者に対し何らの注意義務も負わない
と解するのは相当ではなく、自主規制法人においても、上場審査の趣旨及び
目的に照らし、投資者に対し、上場要件を欠く株式会社の上場を防止し、取
引所市場の公正さを維持すべく一定の注意義務を負うと解するのが相当であ
る。

　イ　自主規制法人が上場審査において負う注意義務の内容

　　(ｱ)　およそ、粉飾決算を行っている会社が上場適格性を欠くことは明ら
かであり、有価証券上場規程も、マザーズへの新規上場申請が行われた場合
の上場審査に係る審査事項として、「企業内容、リスク情報等の開示の適切性」
を掲げ（214条）、これを受けて作成された上場ガイドラインは、審査を行う
についての観点として、「新規上場申請書類のうち企業内容の開示に係るもの

について、法令等に準じて作成されており、新規上場申請者及びその企業グループの財政状態・経営成績・資金周囲の状況に係る分析等の事項が、新規上場申請者及びその企業グループの業績・業態の状況を踏まえて、適切に記載されていると認められること」を挙げているところである。

　これらの点からすれば、自主規制法人が行う上場審査にあっては、上場申請会社の財務諸表の正確性についても、審査の対象になっていたことは明らかである。

　(イ)　もっとも、金商法が、開示書類である有価証券届出書に記載する財務諸表について、公認会計士等による監査証明を義務付けていること（金商法193条の2第1項）、有価証券届出書の虚偽記載について、その作成・提出に関与する発行会社及びその役員のみならず、監査証明をした公認会計士等、元引受契約を締結した金融商品取引業者等、さらには売出所有者に対し、立証責任の転換された重い責任を課していること、他方、金融商品取引所については同様の規定は存在しないことに照らせば、<u>上場申請会社の財務諸表の正確性については、第一次的には、当該開示書類の作成者及び作成に関与する専門家等が負う厳格な責任をもって担保する</u>というのが法の趣旨であると考えられる。有価証券上場規程施行細則において、上場申請に際し主幹事証券会社の推薦書の提出が必要とされているのも、同様の趣旨によるものと解される。

　そうすると、自主規制法人が行う上場審査においては、<u>財務諸表の内容について、これが公認会計士等の適正な監査を受けているものであり、また、主幹事証券会社による引受審査を経ているものである場合には、財務諸表の正確性に疑いを生じさせるような事情が存在しない限り、その内容が正確であることを前提として、上場申請会社が上場要件を満たすかどうかを審査することが予定されているもの</u>というべきである。

　(ウ)　以上のように考えると、<u>上場申請会社の提出する財務諸表に虚偽の記載がある場合における上場審査において、自主規制法人は、公認会計士等による適正な監査が行われていない可能性があり、又は当該財務諸表の内容自体について不自然、不合理な部分があるなど、当該財務諸表の正確性に疑いを生じさせるような事情が存在したにもかかわらず、そのような事情を看過し、追加の審査を行うことなく漫然と上場を承認したと認められる場合に、投資者に対する不法行為責任を負う</u>と解するのが相当である。

ウ　本件上場に関する自主規制法人の上場審査における注意義務違反の有無

　　㋐　第1投書を受領するまでの上場審査について

　FOIにおいては、平成20年3月期及び平成21年3月期の財務諸表については会計監査人（独立監査人）の無限定適正意見が表明された監査証明がされており、平成19年以前の財務諸表についても、会計監査人による無限定適正意見が表明された会社法上の監査がされていたのであるから、自主規制法人としては、財務諸表の内容自体に不自然、不合理な部分があり、又は会計監査が適正かつ合理的に行われていない可能性があるなど、財務諸表の正確性に疑いを生じさせるような事情が存在しない限り、その内容が正確であることを前提に上場審査を行うことが許されていたというべきである。

　そして、前記認定によれば、FOIの財務諸表に顕れていた売掛金の滞留等に関する特徴的な傾向については、東証に提出された審査資料（「Ⅰの部」等）において一応の合理的な説明がされており、自主規制法人によるFOI及び被告Y9社に対するヒアリング等によってその裏付けもされていたということができるから、FOIの財務諸表の内容自体に不自然、不合理な部分があったということはできない。また、自主規制法人は、会計監査人に対するヒアリングにより、FOIの会計監査人が、内部統制に依拠することなく、同社の売上債権の残高確認を行っていることを確認しているところ、その監査手法が適正かつ合理的ではないことを認識し得たことを示す証拠はない。

　したがって、自主規制法人においては、第1投書及び第2投書を受領するまでは、FOIの財務諸表の内容が正確であるものとして上場審査を行うことが許されていたというべきである。

　　㋑　第1投書受領後の上場審査について

　　　　a　第1投書は、FOIが1回目の上場申請を行った後である平成20年2月12日に東証に送付されたものであるが、その内容が、粉飾の経緯や偽装の手口を具体的に指摘するほか、FOIの役職者名、決算書上の売上高、取引先、被告Y9社の担当者名が実際と合致しているなど、これが単なる部外者によるいたずらなどではなく、FOIの実情をよく知る内部者による通報であることが推認される内容となっていたことは、前記のとおりである。

　そうすると、第1投書は、会計監査人による監査の結果と矛盾し、ひいてはFOIが提出した財務諸表の内容の正確性にも疑問を抱かせるものということができるから、自主規制法人としては、第1投書を踏まえ、財務諸表の内

容の正確性を確認するための調査を行うべき義務を負うに至ったというべきである。

　もっとも、自主規制法人が行う上場審査は、財務諸表の内容については、公認会計士等による監査及び主幹事証券会社による引受審査を経ていることを前提に、その内容が正確なものとして行われるのが原則であることは前記のとおりであるから、上記のような情報を入手した自主規制法人としては、財務諸表の内容の正確性を確認するために、直ちに売上げに係る帳票等の原資料に当たって調査すべき義務を負うものではなく、まずは監査証明を行った会計監査人に対し、売上げの実在性についてどのような監査証拠を入手しているのかを確認するなどして、その監査手法の適正性、合理性を確認し、あるいは、FOIの役員等や主幹事証券会社の担当者に対するヒアリングを行うなどして、財務諸表の内容の正確性に対する疑問が解消するかどうかを確認し、これらによってもなお疑問が解消しない場合に、必要に応じて各種帳票等の原資料の確認等の調査を行うか、あるいは、上場の承認を行わないといった対応を執るべき義務を負うと解するのが相当である。

　　　b　そこで検討するに、前記認定によれば、自主規制法人は、第1投書を受けて、FOIに対し、直ちに上場承認の延期を連絡するとともに、第1投書の存在に触れることなく、平成15年3月期ないし平成20年3月期の①各月、日々の預金残高が確認できる資料、②製品販売全案件の帳票類すべて、③取締役会議事録、④税務申告書一式、⑤事業報告書等を準備するように指示をしたこと、平成20年2月20日、自主規制法人の担当者がFOIの本社に赴き、上記①ないし⑤の資料等の提出を受けて審査し、その際、預金通帳については原本を確認した上、資料等の審査の後にFOIの役員に対するヒアリングを行ったこと、これらの資料調査及びヒアリングにおいて、特に不自然な点を発見することはできなかったこと、自主規制法人は、平成20年2月27日、FOIの会計監査人と面談し、期末にはすべての取引先の残高確認書が揃い、残高確認が取れており、過去の監査において架空の売上計上を疑わせるような事項はなく、売上げに対応する原価の動きにも問題がない旨の報告を受けたこと、これらの追加調査の結果、自主規制法人は、FOIの売上げの実在性には問題がなく、第1投書の指摘する内容は真実ではないと判断したこと、以上の事実が認められる。

　以上によれば、自主規制法人は、第1投書を受けて、改めて会計監査人か

ら売上げの実在性についての監査手法について確認したほか、更に FOI の本社において帳票類や預金通帳を提出させてその確認も行うなどして、売上げの実在性について綿密な調査を行ったというべきである。そうすると、自主規制法人において、財務諸表の内容の正確性に疑いを生じさせるような事情が存在したにもかかわらず、そのような事情を看過し、漫然と追加の調査を行うことを怠ったものと評価することはできない。

　　　　c　この点につき、原告らは、自主規制法人は、第 1 投書を受け、注文書、納品書、輸出許可通知書、外国被仕向送金計算書等の帳票の原本確認を行うべきであったのに、これを怠った旨主張する。

　しかしながら、前記のとおり、自主規制法人は、会計監査人に対するヒアリングを行って売上げの実在が証明されていることを確認した上、必要な範囲で全取引の帳票等に記載された入出金に乖離がないかどうかを確認し、これらの結果を総合して財務諸表の内容の正確性に問題はない旨の判断を行っているのであって、更に上記帳票等の原本確認を行わなかったからといって、これをもって自主規制法人において行うべき調査を漫然と怠ったものということはできない。

　　　　d　また、原告らは、自主規制法人が確認した預金通帳の原本には、明らかな偽造の痕跡があったにもかかわらず、預金通帳の確認を行った担当者がこれを看過したのは、調査がずさんであったことを示すものであり、十分な調査が行われたとはいえないと主張する。

　確かに、甲 87 によれば、ｌ 1 銀行の預金通帳には、平成 19 年 3 月 8 日のｅ社からの振込入金の記載が不自然にずれて印字されていること、同月 16 日のｄ社からの入金の記載の上部に、本来であればあり得ない「ｄ（カ」との印字が、4 か所にわたって存在していることが認められ、甲 44 によれば、これらの記載は、FOI の役員らにおいて預金通帳の原本を偽造した際に印字に失敗して生じた痕跡であることが認められる。

　しかしながら、証拠（乙 25・26 の 9、証人M）によれば、預金通帳原本の調査を行った自主規制法人の担当者が、預金通帳の原本そのものが偽造されているとまでは考えず、主として、帳票類に記載がある入出金について、当該日付において実際に預金通帳に記載があるかどうかを確認することを主眼に置いて調査を行ったため、当該入出金の印字又はその前後の印字に不自然な点があることを見逃したことが認められるところ、預金通帳の原本は、通

常は偽造することの困難なものであって、第1投書の存在を踏まえたとして
も、自主規制法人において、預金通帳の原本自体が偽造されていることを想
定して審査を行うべきであったとはいえず、上記の程度の不自然な印字を見
逃したとしても、これをもって自主規制法人が行うべき調査を漫然と怠った
ものとまではいうことができない。

　　　e　さらに、原告らは、自主規制法人は、第1投書を受け、少なくと
も、具体的に指摘されていたd社に対する照会を行うべきであったと主張す
る。

　しかしながら、乙26の1ないし3によれば、<u>有価証券上場規程及び同施行
規則並びにガイドラインにおいても、自主規制法人が行う上場審査において
取引先等への照会や実査はもともと想定されていないこと</u>に加え、自主規制
法人がFOIの取引先に照会を行えば、FOIが上場申請中であることが当該取
引先に知られることになるほか、FOIが粉飾の疑いをかけられているとの風
評被害が発生する可能性もあることから、<u>自主規制法人において、このよう
な取引先への照会については慎重になることはやむを得ないことと考えられ
る。そうすると、自主規制法人において、取引先への照会を行うべき義務が
あったということはできない。</u>

　　(ウ)　第2投書受領後の上場審査について

　　　a　前記認定のとおり、第2投書は、東証が上場承認を行い、FOIが
関東財務局長に対し本件有価証券届出書を提出した後である平成21年10月
27日に東証に送付されたものであり、その内容は、第1投書とおおむね同様
であった。

　そして、前記認定によれば、自主規制法人は、第2投書を受領すると、会
計監査を経ている平成21年3月までに計上されている売掛金については、そ
の実在を会計監査人に対し再度確認することとし、同年4月以降の売掛金の
回収状況については、FOIの預金通帳の内容を確認するとともに、同年10月
29日に会計監査人に対するヒアリングを行ったこと、預金通帳については、
当初は原本の提出を求めたものの、被告Y9社からFOIの役員が原本の提出
に抵抗を示している旨伝えられ、写しの提出をもって代える取扱いをしたこ
とが認められる。

　また、前記認定によれば、上記の会計監査人に対するヒアリングにおいて、
会計監査人から、残高確認書の原本を提示の上、残高確認書は販売先から100

％回収できていること、残高確認書は会計監査人が発送し、会計監査人に直接返送されるようになっていること、売上げについては発注書及び通関書類を確認しており、入金については預金通帳及び銀行からの海外入金記録で確認していること、銀行の残高確認は公認会計士が銀行に直接確認しており、偽造の機会はないこと、在庫についても年2回棚卸しを行い、資産残高との突合せを行っている上、運送会社保管の在庫がないことも確認していること等の報告を受けた。

　以上によれば、自主規制法人は、第2投書を受けて更に追加調査を行い、その結果何ら不自然、不合理な点は見受けられなかったのであるから、自主規制法人において行うべき調査を漫然と怠ったものと評価することはできない。

　　　b　原告らは、自主規制法人が、第2投書を受けて行った預金通帳の追加調査を原本ではなく写しで行ったことは、FOIの役員が原本の提出に抵抗を示すという不自然な対応を執っていたことに照らすと、明らかに不適切であったと主張する。

　確かに、事後的に見れば、預金通帳の原本の提出に抵抗を示すというFOIの役員の態度は、預金通帳に改ざんを加えている可能性をうかがわせる態度であったということができ、自主規制法人としては、飽くまで原本の確認を強く求める方が望ましかったということができる。しかしながら、3回にわたって行われた上場審査を通じ、FOIの役員らの挙動に不審な点が全くなかったこと、繰り返し行われた会計監査人に対するヒアリングによっても、売上げの実在に疑問を抱かせるような事情は見当たらず、第2投書を受けて行われた会計監査人に対するヒアリングにおいても、会計監査が終了している平成21年3月期までのほか、同年4月以降の入金についても、会計監査人によって監査されていることが確認されたこと、自主規制法人自身も、第1投書に対する審査において、平成20年3月期までの預金通帳の原本を一度確認していたこと等に照らせば、第2投書を受領した段階における直近の入金の確認のための審査として預金通帳の写しの確認にとどめたことが、明らかに不適切であったとまではいうことができないから、原告らの主張は理由がない。

　　(エ)　まとめ

　以上に検討したところによれば、自主規制法人は、上場審査において、財務諸表の内容の正確性に疑いを生じさせるような事情が存在したにもかかわ

らず、そのような事情を看過し、追加の審査を行うことなく漫然と上場を承認したものと認めることはできないから、同被告について、投資者に対して負っていた注意義務に違反する行為があったということはできない。したがって、原告らの自主規制法人に対する請求は理由がないというべきである。

（筆者がa社をFOIに、Y23を東証に、Y24を自主規制法人に修正。下線は筆者による）

　ア「上場審査における注意義務と不法行為責任」の部分の下線部にあるとおり、本判決は、一般論として、自主規制法人の自主規制業務に対する義務は直接的には投資者に対するものではないが、上場審査の趣旨及び目的に照らし、投資者に対し、上場要件を欠く株式会社の上場を防止し、取引所市場の公正さを維持すべく一定の注意義務を負うとした。そのうえで、上場申請会社の提出する財務諸表に虚偽の記載がある場合における上場審査において、自主規制法人は、当該財務諸表の内容自体について不自然、不合理な部分があるなど、当該財務諸表の正確性に疑いを生じさせるような事情が存在したにもかかわらず、そのような事情を看過し、追加の審査を行うことなく漫然と上場を承認したと認められる場合に投資者に対する不法行為責任を負うと判示した。

　この判決により、自主規制法人の上場審査業務に一般投資家に対する不法行為責任が成立しうること、上場申請会社の財務諸表に対する責任は第一次的には書類の作成者や作成に関与する専門家（監査法人及び主幹事証券）が負い、財務諸表の正確性に疑義が生じた場合に然るべき調査をしなければ自主規制法人にも不法行為責任が生じるという規範が示されたことになり、一般投資家の自主規制法人に対する責任追及の途が開かれた点に本判決の大きな意義があるといえる。

　本事案においては、判決にも示されているとおり、自主規制法人は原本確認を怠ったといえるが、追加調査を実施しており、そこで不自然、不合理な点が確認できなかったのであるから、自主規制法人の責任を否定した本判決の結論には賛成である。仮に、ここで自主規制法人の責任が肯定されていたら、上場審査実務に帳票の原本確認や取引先照会や実査などが加

重され、自主規制法人の上場審査実務が極めて慎重で保守的な対応とならざるを得ず、結果として他の上場申請会社の負担が大きく増すことが予想されるからである。一部の不正を働く者のために真摯に上場申請を行う会社の負担が増すことは可能な限り避けるべきである。

(3) 最高裁令和2年12月22日判決要旨（上告審）

　最高裁判決では、粉飾決算に基づく虚偽の有価証券届出書を提出したFOIと元引受契約を締結した主幹事証券会社のFOI株式取得者に対する金商法21条1項4号、17条の責任が肯定されたもので、金商法21条2項3号の免責が否定されたものである。

　以下のとおり、新規株式上場審査における元引受証券会社の専門家としての役割、立場から導かれる規範が示されており、今後の実務の重要な先例となると思われる。

> 　金商法は、21条1項4号において、有価証券届出書のうちに重要な事項について虚偽の記載があり、又は記載すべき重要な事項若しくは誤解を生じさせないために必要な重要な事実の記載が欠けている場合に、当該有価証券を募集又は売出しに応じて取得した者に対して上記の虚偽記載又は記載の欠缺（以下、併せて「虚偽記載等」という。）により生じた損害の賠償責任を負う者として元引受業者を掲げ、同条2項3号において、元引受業者が同号に定める事項（免責事由）を証明したときは上記の損害賠償責任を負わないとしている。これは、<u>元引受契約を締結しようとする金融商品取引業者等が有価証券の発行者である会社について引受審査を実施してその有価証券届出書に記載されるべき情報等を専門知識に基づき審査し得る立場にあることから、虚偽記載等がある場合の元引受業者の損害賠償責任について定めることで、引受審査の適正を確保し、もって元引受業者に有価証券届出書における開示情報の信頼性を担保させることをその趣旨とする</u>ものと解される。
> 　もっとも、財務計算部分については、有価証券の発行者である会社と特別の利害関係のない公認会計士又は監査法人（以下、併せて「独立監査人」という。）の監査証明を受けなければならないこととされているところ（金商法193条の2第1項）、公認会計士は、監査及び会計の専門家として公正かつ誠

実にその業務を行うべきものであって（公認会計士法1条、1条の2）、財務計算部分に虚偽記載等があった場合、虚偽記載等がないものとして監査証明を行った独立監査人は、当該監査証明を行ったことにつき故意又は過失がないことを立証しない限り損害賠償責任を負うものとされている（金商法21条1項3号、2項2号、22条）。金商法21条2項3号は、以上のことから、上記免責事由に関し、元引受業者が免責を受けるためには、財務計算部分以外の部分に虚偽記載等がある場合には相当な注意を用いたにもかかわらず当該虚偽記載等を知ることができなかったことを証明すべきものとする一方、財務計算部分に虚偽記載等がある場合には当該虚偽記載等について知らなかったことを証明すべきものとする旨規定したものであると解される。すなわち、財務計算部分に虚偽記載等がある場合についての同号の規定は、独立監査人との合理的な役割分担の観点から、元引受契約を締結しようとする金融商品取引業者等が財務計算部分についての独立監査人による監査を信頼して引受審査を行うことを許容したものであり、当該金融商品取引業者等にとって上記監査が信頼し得るものであることを当然の前提とするものというべきである。

　そうすると、上記の金融商品取引業者等は、引受審査に際して上記監査の信頼性の基礎に重大な疑義を生じさせる情報に接した場合には、当該疑義の内容等に応じて、上記監査が信頼性の基礎を欠くものではないことにつき調査確認を行うことが求められているというべきであって、上記の場合に金融商品取引業者等が上記の調査確認を行うことなく元引受契約を締結したときは、同号による免責の前提を欠くものと解される。

　よって、財務計算部分に虚偽記載等がある場合に、元引受業者が引受審査に際して上記情報に接していたときには、当該元引受業者は、上記の調査確認を行ったものでなければ、金商法21条1項4号の損害賠償責任につき、同条2項3号による免責を受けることはできないと解するのが相当である。

（下線は筆者による）

(4)　小括

　本事案は、売上高の実に約97％が架空であったという証券市場でも稀に見る粉飾決算企業が上場を果たしてしまい、直後に上場廃止・破産した

というもので、元引受証券会社の責任を認めた初めての裁判例である。証券市場に関する教科書があれば間違いなく掲載される歴史的事件と思われる。

　この事件を受けて、主幹事証券会社及び自主規制法人における投書に対する対応は従前よりも慎重な確認、調査を行い、徹底的に疑義を払拭することを余儀なくされることとなったことは想像に難くない。第2章2(3)イ③でも述べたとおり、自主規制法人は「申請会社の上場適格性に関する情報受付窓口について」とする情報提供窓口を設けており、上場審査実務において情報提供の役割・位置付けが大きくなってきているといえる。上場審査に関わる専門家としては、可能な限り速やかに問題点を解消し、予定されたスケジュールどおりに上場を実現させたいという思いが先行してしまうことがあるが、本事件を踏まえて疑義がある状態で上場させてしまうと専門家として大きな責任を負う可能性があることを肝に銘じ、上場審査実務に真摯に携わる必要があると改めて認識すべきである。

事項索引

○著者紹介

伊東　祐介（いとう　ゆうすけ）

　鳥飼総合法律事務所カウンセルパートナー弁護士、第二東京弁護士会所属。主な取扱分野は IPO、IR、M&A、スタートアップ法務、訴訟全般。

　鳥飼総合法律事務所入所後、株式会社日本政策投資銀行企業戦略部（M&A アドバイザリー業務）、株式会社東京証券取引所上場部（適時開示制度構築・運用業務）、日本取引所自主規制法人上場審査部（上場審査業務）での勤務を経て、現職。1982 年生まれ、宮崎県宮崎市出身。宮崎大宮高校卒、熊本大学文学部卒、中央大学法科大学院修了。

［主な著書］

『経営に活かす株主総会の実務』（共著、新日本法規、2019）

『経済刑事裁判例に学ぶ不正予防・対応策』（共著、経済法令研究会、2015）

［主な論文］

「適時開示制度の概要（前編・後編）」月刊監査役 673、675 号（2017）

「IPO（新規株式上場）審査の概要と留意点」月刊監査役 709 号（2020）

「近時の IPO（新規株式上場）審査と監査役に求められる役割」月刊監査役 722 号（2021）

新規株式上場（IPO）の実務と理論

2022年 4 月30日　初版第 1 刷発行

著　　者　伊　東　祐　介

発　行　者　石　川　雅　規

発　行　所　株式
会社　商 事 法 務
　　　　　　〒103-0025 東京都中央区日本橋茅場町 3-9-10
　　　　　　TEL 03-5614-5643・FAX 03-3664-8844〔営業〕
　　　　　　TEL 03-5614-5649〔編集〕
　　　　　　https://www.shojihomu.co.jp/

落丁・乱丁本はお取り替えいたします。　　　　印刷／広研印刷㈱
© 2022 Yusuke Ito　　　　　　　　　　　　Printed in Japan
　　　　　　　　　　　　Shojihomu Co., Ltd.
　　　　　　　ISBN978-4-7857-2963-9
　　　　　　　＊定価はカバーに表示してあります。

[JCOPY] ＜出版者著作権管理機構　委託出版物＞
本書の無断複製は著作権法上での例外を除き禁じられています。
複製される場合は、そのつど事前に、出版者著作権管理機構
（電話 03-5244-5088、FAX 03-5244-5089、e-mail: info@jcopy.or.jp）
の許諾を得てください。